重新爱上你的工作

[日] 美崎荣一郎◎著 谢严莉◎译

ZHEJIANG UNIVERSITY PRESS
浙江大学出版社

写给创造新价值的人们

枠からはみ出す仕事術

目 录

序

第一章 不随大流

把时间花在做不做都无所谓的细节上

无用功也要做到底 //005

凡事多做一分

把眼前的工作变成"想做的工作" //010

有制度约束，才值得下工夫 //011

能变就变，不管多小

"自我调座"改变心情 //015

明年你是否还在为同一件事烦恼 //017

放宽心，每个人都是从"偷薪贼"开始的

"二八理论"是会风水轮流转的 //020

耐心期待成果的"接力棒"传过来吧 //022

为了最后的感动而工作

在第一次的舞台上获益匪浅 //026

扪心自问，你是否快乐 //027

第二章 工作就是要挑三拣四

把"不喜欢"与"喜欢"搭配着来做

用音乐保持"节奏" //033

在不喜欢的工作前挂上"胡萝卜" //035

别用公司统一配给的文具

大家用的不等于自己想要的 //038

用自己的记事本消除上下班的界线 //039

上班也是一种"专业" //041

用最简洁的方式解决你讨厌的工作

只动手，不动脑 //044

早解决，早自由 //045

寻找兴趣与工作的交叉点 //047

知道≠实践

复制偶像的一切 //050

商务书籍是复制的便利工具 //051

模仿自己讨厌的人

别企图甩掉讨厌的上司 //055

将心思放在"诀窍"上 //057

模仿还容易获得他人的好感 //058

专业人士就要改变自我

爱咬人的狗不遭待见 //061

向转会的运动员学习 //063

第三章 养成凡事逐步分解的习惯

在失败中寻找"意外收获"

能问"为什么"，就不至于沮丧 //070

线索往往藏在意外之中 //072

做一本"错误笔记"

为遗忘而"记录" //075

从新的角度进行"翻阅" //076

享受"兜圈子"的乐趣 //077

用"虚拟决策权"，工作自己做主

用会议练习预测能力 //080

"天气预报"为什么不准 //081

下一步工作的提示就在眼前的工作中

在不同的工作之间不断切换 //085

将工作分解至最小单位，就能看出下一步该做什么 //086

为了获得想做的工作，不耻"内部运作" //087

第四章 记录工作的"足迹"

分享达成目标的过程比统一目标更重要

目标真的是唯一的吗？ //094

面对面地工作 //096

传播"自己想知道的事"

传八卦的好东东——"安妮日记" //098

公司内部E-mail让你成为消息灵通人士 //100

信息不足会造成动力不足 //101

保存心灵燃料的"美崎博物馆"

如何在关键时刻提高干劲 //104

别小看"纪念品"的力量 //105

不要隐瞒自己的努力

努力就要让人知道 //107

创造能为自己加油的人 //109

不求回报

评价自己的人不在公司里 //113

人生导师多多益善 //114

"先驱者"不一定会获得回报 //115

第五章 积极展现自己的"独门秘诀"

上班族成为作家的原因

上班族的弱点是什么？ //122

不要将无法预测的东西当做目标

没有具体行动计划就不是目标 //126

分清"运气"和"实力" //127

借别人的招牌

如何让"新挑战"顺利起步 //130

新结识的人 = 未来的好友

工作是结交朋友的好机会 //136

能够一起成长的"战友"最重要 //137

通过交流，找到工作的乐趣

将挫折当做"话题" //141

不断给自己布置作业

再勉强也得撑住了 //144

主动成为"Mr. 没问题" //145

后 记

序

"你工作得开心吗？"

对于这个问题，到底有多少上班族能理直气壮地回答"开心"呢？

身为一名普通的上班族，日复一日的工作总是无法如我们所愿，只能一次又一次在坚持自我与碰得头破血流之间寻求平衡。为了应付差事，对于某些心怀抵触的工作，我们有时也必须打起十二分的精神，更别提时不时还会遇到些意外的麻烦，还有职场上纷繁复杂的人际关系让我们压力倍增。绝大多数上班族恐怕根本就没精力去享受所谓工作的快乐，光是应付眼前的事情就已经有些力不从心了吧。

不过即使在这种情况下，我们仍然会

在某些瞬间感受到快乐。那是怎样的瞬间呢？

或许是在你完成自己喜欢的工作时，又或许是在辛苦数日，终于成功通过项目成果验收时。

请回忆一下你感受到快乐的时刻吧。那些时刻有哪些共同点呢？

"你工作得开心吗？"

对于这个问题，我也曾有过无言以对的时期。

我曾是某个制造厂的普通员工。当时，我正为从无到有逐步建立起来的化妆品研发工作忙得晕头转向。作为项目负责人，我有时还需要接受杂志的采访，因此在公司内部也算是小有名气。或许在周围的人看来，我每天都过得十分充实。然而有一天工作时，我忽然发现，自己竟然几乎从未在工作中体会到成就感和愉悦。

每天早晨，我都强打起精神，挤上满满当当的地铁去上班。然而当公司大楼出现在眼前时，我忽然泪流满面，觉得自己已经快要被工作给压垮了。我甚至产生了妄想症，感觉一起工作的上司和同事全都在说自己的坏话。

"你觉不觉得那小子总是一个劲地抢着出风头？"

"那家伙不能相信！"

虽然我当时没有去医院，但现在想来，应该是一种抑郁症的表现吧。我明明做出了成绩，却不知为何依然感到心里空荡荡的。

我想辞职！

回过神来时，我脑中只剩下这个念头了。

「上班族的成功只有升职和加薪吗？」

本书的写作目的是为了让人们重新爱上工作，为解释这个观念，还请允许我继续聊些自己的经历。

我产生"要为快乐而工作"这一念头的时间其实并不长。我原以为，工作当然是很辛苦的一件事。但是无论有多辛苦，我都要将全部的精力投入到工作之中。而公司以升职和加薪的形式对我给予肯定，这就是我工作的全部动力。

我之所以会加入现在的公司，很重要的一个原因是老板也是理工科专业出身。这意味着在这家公司，像我这样理工科背景的人会比较容易升职。我觉得，这样的老板一定能理解我的工作，并给予合理的评价。

进入公司后，我先是被分配到公司在和歌山的研究所。在那里，每一天我经历的都是忙乱且残酷的职场斗争。

当时还不存在打卡上下班一说，所以我根本记不清每天有多少小时耗在了公司里。我一心只想着要做出更大的成绩，获得公司的认可，想着负责更重要的工作，心无旁骛。

然而这时，公司却忽然将我调职到东京去。

当时，我的第一个孩子就快出生，妻子由于有早产的征兆而住进了医院。为了不让妻子担心，我没让她知道调职的事，独自收拾了行李，在儿子平安出生之后，立即踏上了前往东京的旅程。

到了东京，我发现项目组的同事全都是公司里能干的中坚力量。而我加入公司刚满三年，依然充满了新人的稚气。在这里，我第一次感受到了巨大的压力。

我的工作是化妆品研发。对我而言，这是完全未知的领域。我对周围同事提到的名词感到一片茫然，也没有一个认识的人，心里很没底。

但在如此艰难的环境之中，我仍然一心想着要获得公司的认可，一定要做出成绩才行！继续过上了从早到晚忙不停歇的日子。下班后，我从不与同事一起喝酒聚会，过着从住处到公司两点一线的生活，日复一日，甚至快要忘掉了远在和歌山的家人的长相。收获当然也是有的，凭借这一年的出色工作，我获得了公司的社长奖。

然而一年不到，我又接到了调职命令。这一次是命令我调回和歌山，理由是和歌山研究所的项目进展缓慢，状况非常糟糕。

明知这是一项非常艰巨的任务，我却不得不接受。而且，还必须将刚刚步入正轨的工作移交给他人。

这时，我终于头一次产生了质疑。对于公司而言，我到底算什么呢？然而身为一名小职员，我并没有选择权。

你在为谁工作?

回到和歌山研究所的第一天，我凌晨四点就出门上班了，并一直工作到深夜。不管在哪里对我来说都一样，我都过着公司和住处两点一线的生活。

当时我以为，这就是上班族的生活。我将全部精力投入到工作之中，并自负地勉励自己，少了我，公司就将无法正常运转了。

努力总会收到回报，落后的项目终于顺利赶上了进度，产品也正常上市了。然而两年之后，我再次接到调职命令，这一次又是回东京。仅仅五年时间里，我就在和歌山和东京之间打了两趟转。

因为上一次调职期间我顺利完成了项目，所以得到消息说我能再次在东京工作时，我内心深处隐约感到有些喜悦。然而，等我真正回到东京公司时，过去的同事却对我的回归一点反应也没有，甚至还有人刻意扭头装作没看见我……

我这才头一次意识到，自己和同事以及项目组成员之间并没有建立起良好的人际关系。这是一件让我深受打击的事，但我却不知道该如何扭转局面。

我还是坚信，在工作中做出成绩比其他任何事都重要。只要有能力，就能顺利完成工作，做出成绩，如果做不出成绩则意味着无能。于是我一如既往地给自己施压，期间还考出了能力资格证书。

我当时根本无暇顾及周遭其他的人和事。

我以为团队合作是次要、甚至无关紧要的；我不理解一心工作为什么还要看别人的脸色，觉得那实在是太蠢了。

对了，我似乎从小就是个不怎么会娱乐的人。当其他人热衷于某项活动，围在一起兴致勃勃地讨论时，我却总是无动于衷。我总在内心冷静地进行自我审视，几乎不曾将诸如开心或后悔之类的天然情绪流露在外。我学生时代的社团活动经历就是最好的例子。我在小学时参加了篮球部，初中参加了乒乓球部，高中参加了棒球部，但全部都半途而废了。或许是因为我始终无法与同伴亲密地交流，觉得郁闷才会退出的吧。

这一切似乎都证明了，我对于任何事都缺乏热情。直到长大成人，我的内心深处也始终对此存在自卑感。我很少和人交流，推进工作时总是用强硬的方式，或许也是为了掩饰这种自卑感吧。而我与生俱来的极高的自尊心更是推波助澜，令我始终觉得自己没有错。

然而这次，我的态度终于导致了最恶劣的情况出现。新项目完成前的最后一站需要去欧洲出差，但上司却命令我不用去了。

这是因为公司接到内部员工投诉，说我的工作方式有问题。于是上司在最后一刻将我从项目组除名了。

这之后，我便陷入了本书最开始提到的那种状况——一边哭一边去上班，勉强应付手头的工作。

「最难突破的是"自己"」

工作做得越多，敌人就越多，工作也变得越痛苦。我逐渐陷入了这样一种恶性循环。

如果换成在其他公司，是否就不会如此不顺了呢？我头一次对公司外的世界产生了兴趣。直截了当地说，我开始重新找工作了。

参加了两家公司的面试考核，我却都失败了。

虽然我在公司内部有信心独立完成工作，但在社会上，这点能力却行不通，我连入场券都抢不到，对方根本就不会听我说话。也就是说，一旦离开公司，我就一无是处。我终于不情愿地意识到，自己以前太自负了。

除了工作，我一无所知。再这么下去，我的人生就将完全被公司左右。不可思议的是，发现这一点后，我忽然对以前执著的所谓"升职路线"彻底丧失了兴趣。

谁都免不了经历瓶颈期。为了获得更美好的人生，辞职在某些时候或许是正确的选择。然而即使环境改变了，如果自己的思考方式依然如故，那么我们仍将陷入相同的困境。反过来，只要能改变自己，那么即使环境没变，我们同样能解决问题。对我而言，问题并非出在公司，而是出在自己身上。我口口声声说要出人头地，却过分依赖公司，放弃了认真工作所能带来的快乐。

在进一步思考问题的根源后我终于发现，让自己得以把这份工作坚持到现在的，其实是因为我喜欢这份工作。我为自己设计制造的产品能对社会产生贡献而喜悦。

然而我只要遇上了什么不顺心的事，就会将责任推给外部环境。要么说经济不景气啦，要么说上司的部署太糟糕啦，或者埋怨搭档不合作。

难道我就一辈子这么不停埋怨着过下去吗？

不，我想变成享受工作的人！

将目光投向公司以外的事情后，我终于发现，倘若自己不能以"快乐"的态度投入工作，那么将永远无法寻找到一份快乐的工作。

抱歉唠叨了这么久，总之，我逐渐摸索出了一套帮助上班族快乐工作的方法。而这，就是本书中"工作其实很快乐"这一观念的由来。

但我摸索出的这些方法，并不需要读者去做什么离经叛道之事。

有公司的规章制度约束着我们，所以才有了我们下工夫钻空子冲破条条框框的价值。我们有很多方法能巧妙地"钻"公司制度的"空子"，打开思路。我们可以一边享受冲破束缚的快乐，一边做出成绩。

本书将这些技巧归纳成26个"快乐转变法则"。身为上班族，我们经常身不由己，需要去做自己抵触的事。所以，为了让各位读者在工作中能给自己增加点动力，也为了让大家体会工作的真正乐趣，我将自己琢磨出来的这26个秘诀教给大家。

跳出条条框框，你就能找到真正的乐趣

我曾执著的"升职"就是一种束缚。一旦我从中挣脱出来，与他人之间的摩擦便减少了。或者应该说，像我这样能够冲破束缚的人实在是太少，所以在跳出了这个框框之后根本没人能与我产生摩擦。

除了上班之外，我开始写书、做演讲等，从事起各种各样的工作。而在公司内部，我则活用在外面获得的人脉，获得了挑战新工作的机会。

冲破束缚，还能获得公司的信任。

据说充分感受到自己的成长是前进的最强劲动力。我在学生时代没能将任何一项社团活动坚持到底，却将自己的工作持续了10年以上，正是因为我从工作中感受到了自己的成长。

现在，我经常为工作而狂热，甚至感动得喜极而泣。我曾经最不擅长的"享受工作"这一难题，也早已被克服。我能通过工作来获得从前未能拥有的东西、遇见从前

无法邂逅的人、发掘自己从未意识到的潜力。

"上班"不像"专业运动员"或"自由职业者"之类的工作那么潇洒，相反，它简直就是枯燥、机械的代名词。然而在我看来，通过一些巧思，"上班族"也能成为一种丰富多彩、快乐充实的职业。

公司有时会成为人生的沉重负担，但正因为有公司和伙伴，我们才能触碰到自己双臂范围之外的东西，接触到更广阔的世界，这便是上班族的妙处。

"美崎荣一郎"通过"自己设计制造的商品"，为大约一亿人的生活做出了贡献。这正是因为有"公司"为上班族提供工作，才得以实现。

我希望读者也能享受当上班族的快乐。只要你还没产生"这也不想做，那也不想做"的消极想法，就能为自己开辟出新天地！

在写这本书时，我总是在思考，如果能对当年那个想逃离公司和工作的自己说几句话，我会说些什么呢？

我想说，工作其实是与自己的战斗。当你止步不前时，当你即将溃败时，只能依靠自己转变意识。苦恼和痛苦的时光都是成长中必须经过的道路，但这样的时间当然**越短越好**。

序

不要一直苦恼、一直痛苦下去了，活得乐观开心点吧。向着自己想做的事踏出第一步，跳出条条框框。如此一来，工作一定会变得快乐，让你能够爱上它。

各位读者，请在工作苦闷之时将本书作为"引爆剂"，让书中所写的诸多窍门发挥出作用，争取比我更快成为享受工作快乐之人。然后，在能发挥自己真正价值的、打破条条框框的工作中发光发热吧。

枠からはみ出す仕事術

第一章 不随大流

把时间花在做不做都无所谓的细节上

要怎样提高工作热情，更加享受工作的快乐呢？我的做法用一句话来概括就是，"做自己决定的事"。

一个人如果一直只做别人分配的任务，热情就会被逐渐消磨殆尽，变得疲惫不堪。反过来，如果做的是自己决定的事，那么哪怕再困难，也会从中获得成就感，感到高兴。进一步，我们还能将这些情感转化为之后工作的热情与能量。

然而上班族几乎没有什么事情是能自己决定的吧？也正因为如此，哪怕我们自己决定的只是无关紧要的细枝末节，也不能敷衍，必须尽全力做好。特别是当我们还是新人的时候，在工作上没有任何决定权，往往只能做些重要程度最低、辅助他人的杂务。这时候，我们往往会抱怨：

"为什么我非得干这种事啊？"

"这种事随便来个'花花草草'都能做，为啥偏偏让我做啊！"

然而这些"杂务"，正是发掘"自己能决定的事"的宝库。

有一段时间，我每天都必须帮其他员工买盒饭。这些盒饭都是买给比自己年纪小很多的化妆师们的。显然，这属于谁都能完成的工作。说得难听点，我就是个"跑腿的"。

然而正因为如此，我更加下定决心，必须将这件事做好。

我彻底调查了化妆师们的口味喜好，并分别给每人买不同的盒饭，每天如此。根据她们前一天剩饭的量，我还会调整次日饭菜的搭配。

如果问我为何对这点小事如此认真，只是因为这样做让我很开心罢了。

彻底调查和分析他人的爱好并买来合适的盒饭，对我而言就像是一场有趣的游戏。听到像"真好吃"或"还是美崎先生买的盒饭最好吃"之类的赞扬，就是游戏的通关奖励了。

当然也会有人关心地问，"为什么美崎先生要做这种跑腿活呢？"或是"你不烦吗？"

然而正因为是"跑腿的"杂务，才有我自由发挥的空间。

只要没做得太出格，就不会有上司来对我所做的事指手画脚，也不会有人三番五次来检查工作进度。

无论是什么工作，只要自己能拥有决定权，就充满了让人可以感到快乐的要素。

所以，我才会特意为这种重要程度很低的工作花费时间和精力。

「无用功也要做到底」

很多事乍一看是无用功，做不做都无关大局，然而把时间花在这样的工作上，却能获得意想不到的好处。

也就是说，我们能意外地获得一些按重要程度排列后被别人忽视的工作。

比如，我曾经组织过"筑地早餐会"活动。

这项活动的内容是在早上7点到8点，在筑地的寿司店与商务书籍的作者进行交流。

组织这个早餐会的契机只是因为我想向前辈们请教该如何出书。

那么又何必特意跑去筑地？就在市内交通方便的地方举办不就行了？而且也不一定非要安排在大清早的嘛。

在工作特别繁忙的时候，我也曾因为必须一大清早赶到筑地而觉得自己特别傻。身为主办者，我还曾因为睡过头而迟到。这根本就与举办早餐会的宗旨"充分利用早晨的时间"背道而驰了。

不过总的说来，我还是很开心的，其他参加者也觉得很有趣，所以"筑地早餐会"便一直持续了下来。

在主办这个早餐会之前，我还曾主办过名为"山手会"的活动。

该活动的特色是在地铁山手线沿途各站举办学习会，29次会议后就能环线一周。想来，在山手线沿途的29个站点全都举办过学习会的，大概只有我一个吧。

这个学习会的目的并不是为了学习铁路相关知识，而是为了将不同职业的职场人士集中到一起，相互探讨工作方面的问题，而之所以走遍山手线只不过是我心血来潮想出来的噱头而已。而且每次我都必须提前安排不同的会场，实在是很辛苦也很无用功啊……

"走遍山手线的学习班到底是怎么回事啊？"

"为什么一大早就吃寿司呢？"

我主办的这些学习会充满了吸引眼球的噱头，但本质上就只是普通的学习会而已。

我这个人有一种倾向，那就是只要自己觉得有趣，无论旁人如何看待，我都会全力以赴。

或许正是由于这种倾向，我办的学习会才能形成良性循环吧。

比如，最近不断有电视台等媒体来来采访"筑地早餐会"活动。

比起对学习会或早餐会本身的兴趣，记者恐怕是冲着能借此机会吃到美味的寿司才跑来的吧！

毕竟，没人不喜欢有趣的事。

媒体的采访为我的学习会做了很好的宣传，之前不敢高攀去邀请的名人也欣然同意前来担任嘉宾了。

所以，只要自己觉得开心，那些以重要性来考虑绝对应该放弃的"无用功"也绝对有必要坚持做下去。

把时间花在做不做都无所谓的细节上

这不但能提升你的工作动力，还能让你从中寻找到以前从未发觉的乐趣。

快乐转变法则1

无关紧要的杂务 → 你能拥有百分百决定权的工作

凡事多做一分

小时候，我们经常被大人问："将来想做什么？"

在那个年纪，将来的工作就等于自己的梦想。

恐怕每个孩子都曾经以为，只要长大成人，我们就能做自己喜欢的事了吧。

然而，当我们日复一日接触到的都是工作的严格与枯燥后，对工作的感受便只剩下了痛苦，好想大吼一声："我可不是为了做这种事才上班的啊！"

反问自己一句："那么，我是为了做什么而进入这家公司并且奋斗至今的呢？"答案一定是"为了做自己想做的事"吧。

我们选择的工作原本也是自己想做的事。

小时候，我们期待着长大成人，做自己想做的事，但当自己真的长大之后，唯一拥有自主权的却似乎只剩下"零食和漫画想买多少就买多少"这一件事了。这个例子我经常在演讲中半开玩笑地举出来。

但其实，长大成人后的我们就应该想做什么就做什么才对。

把眼前的工作变成"想做的工作"

很多人试图将工作与兴趣区分开来。他们说，"八小时以内是为了赚钱而工作。最大的快乐是八小时以外的兴趣爱好（比如听音乐、看电影）"。

这种以"八小时内外"进行区分的方法，听上去也许十分"干脆利落"。但我却认为，将"八小时内外"区分开来仅仅是一种幻想，是不可能让每一天都过得充实的。

所以，如果你想为了做自己喜欢的事、快乐的事而工作，那么就应该为此调整自己的生活方式。

实现该目标绝不仅仅只有换工作或换部门这一种方

法。踏踏实实地做好眼前的工作，从而逐步靠近自己想做的工作，也是一种方法。

进入公司，我们就会拥有自己的座位、自己的电脑以及自己的任务，同时会获得合同规定的薪水。

能获得如此之多的东西、如此安定的职业，这份幸运也许非上班族莫属。

但过分的安定让我们遗忘了一件事——我们上班族也是工作上的专业人士。

之所以做得不开心，是因为我们忘了在工作的细节上下工夫。

专业的厨师通过在细节上多下工夫，才能将有限的食材加工成富有创意的餐点。同样，对待眼前的工作，我们只有凡事多做一分，才能被称为合格的专业人士。

「有制度约束，才值得下工夫」

很多人在正式踏入社会之前就已经拥有了打工的经历了吧？我的第一份"工作"正是大学时所打的一份零工。这份工作是在各会展现场担任工作人员。

在打工之前，我只会浑浑噩噩地待在家里，整天无所事事。这份工作虽然只是临时工，却是我第一份拿薪水的工作。打工时若也无所事事，当然就不可能拿到薪水，恐怕还会被上司呵斥"你明天不用来了"吧。

当时，我遇到了一位让人讨厌的上司，还时不时地在晚上卖苦力，所以这份零工绝不轻松。但我却感到十分充实，因为在每小时800日元的薪水限制内，我想尽了办法让自己能轻松一点、尽量早一点回家。

比如，我会自掏腰包给"凶恶"的监工大叔买咖啡，陪他一起休息聊天，当天他给我的脸色就好看了不少。

仅凭一件小事，就能让工作进展得更加顺利，并能改变其他人对我的态度，实在是很有趣的事情！而我所花费的只不过是买咖啡的几百日元而已，还不足一小时的薪水。

这让我在工作中享受到了乐趣。虽然是临时工，我工作了几个月后还升了职，在某个会展上当上了现场监督，率领其他人工作。

这份零工既不是我的梦想，也不是我人生的目的。我多年的寒窗苦读更不是只为做这样的工作。即便如此，比起我以前每天只向他人索取的日子，还是像这样思考应该如何下工夫做一件事并将其付诸行动，来得更快乐，即使工作的过程会很辛苦，结果也不一定十全十美。

我想，这才是工作的本质吧！

上班族的艰辛是打零工远不能比的。特别是在成家之后就更难以从工作的重担中逃脱，随心所欲地做自己喜欢的事了。然而，这些问题并非只有上班族会遇到。只要是"拿人钱财，与人消灾"的工作，全都如此。

越是面对这样的工作，越值得我们换个视角想想是否有更好的方法解决问题？是否还存在值得改进的地方？如此一来，我们便能从这个过程中感受到快乐。

快乐转变法则2

能变就变，不管多小

没法做自己想做的事、上司好讨厌、自己的工作总是遭到轻视、薪水好低……诸如此类，上班族总是少不了各种各样的烦恼。然而工作中的一些事是我们无论如何也没法改变的。在公司里，无论人事也好预算也好，一介普通职员所能决定的事那真是少之又少。

也就是说，公司这个地方会不断发生我们无法预料的状况，并且所发生的大部分事都是不合自己心意的。如果想要万事顺意，除了爬到公司"一把手"的位置之外别无他法。可是"一把手"的位置却只能坐下一个人。所有人都在一步步向"一把手"的位置迈进，但其中的绝大多数等不到这一天，就已经到了退休年龄。

所以与其抱怨工作枯燥、不尽如人意，我们不如找找有什么是自己能改变、能决定的？如此一来，我们就能在成就感中快乐地度过每一天了。即使找到的都是些细枝末节的小事也无妨，先试着改变那些现在立即就能改变的细节吧！

"自我调座"改变心情

换一换电脑的位置，换一本工作笔记，换一部手机……这些小事也能大大改变你的视野。

我经常改变自己桌上的电脑和文件夹的摆放方式。平日里面对的方向和姿势一发生改变，自己的意识也会随之发生改变。

上班族是无法轻易改变公司或工作岗位的环境的。但若仅仅是改变一下自己桌面的布置，肯定谁都能轻松做到。我将其称为"自我调座"。只需花一小时的时间，我们就能简单地改变自身所处的环境。不仅如此，以往僵化了的视角也能获得改变。

能变就变，不管多小

越是陷入僵局，就越需要改变视角。我是通过一张照片认识到这个道理的。

那是足球运动员中田英寿退役前最后一场比赛结束之后躺倒在球场上的照片。这张照片是几年前作为封面登在某体育杂志上的。每当看到这张照片，我都会重新鼓起勇气，寻找自己所能改变的事情。

通过照片我们可以看出中田是发自内心地热爱着足球，以至于最后因为即将的离去不由自主地躺倒在球场上黯然落泪。然而，事实上即使再留恋他也依然没有回头，而是坚定地选择了离开。我觉得，他是为了更加深入地了解足球，为了明确自己前进的方向，才会选择离开。

当你走入瓶颈期或陷入困境时，为了找到新的视角，干脆选择先离开。

从日本国家队退役后，中田到世界各地旅行。归来后，他选择了以另一种形式投入到了足球事业中。

当你的工作陷入困境，只发牢骚是无法改变现状的。每当看到中田的这张照片，我都会问自己，自己是否像他那样直面自己的工作没有逃避，是否像他那样真的热爱自己的工作？

这张照片令我茅塞顿开。

「明年你是否还在为同一件事烦恼」

每当发生了一件烦人的事情时，人们往往会将这件事的影响放大到一生。如果真的延续一生的话，恐怕没有人能受得了吧？

其实别说一生了，我都没见过有什么人为同一件事烦恼一年的。看起来毫无头绪的问题，也许只是在公司里转一圈，再回到自己的桌前坐下就能找到些灵感。真的就这么简单！

遇到烦人的事情时，我也总是免不了担心它会没完没了。不过只要我们冷静思考一下就会发现，这纯属无稽之谈，我们只是在为一件根本不知道是否会发生的事而自己吓自己。

烦人的事情就等发生以后再担心吧！

何必特意花时间去想象一件眼下根本没发生的麻烦事呢？那只会让你的身体因为压力剧增、不堪重负而导致胃溃疡。未来的事情是谁都猜不到的。

所以现在我已经习惯于认为，坏事肯定持续不了多久。我相信这个世界上，万事总是倾向于朝好的方向发展。即使现在经济不景气，但总有一天会走上坡路的，而

能变就变，不管多小

各种国际分歧终会得到解决。

相信这些理念，把那些仅凭一己之力无法改变的事赶出脑海吧。与其花那个力气烦恼，我们还不如全身心地投入其他完全不相干的事情，即使那只是整理办公桌之类的小事。从自己所能改变的细枝末节开始做起就好。

积极主动地去改变一些小事，往往会让我们在意想不到的地方找到解决问题的方法。

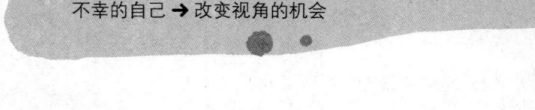

放宽心，每个人都是从"偷薪贼"开始的

在商业领域中，某样东西或某种服务即使已被发明出来，往往还存在两到三年的潜伏期。新事物的价值需要一定的时间才能获得推广。同样，新企业大多需要至少三年才能获得赢利。

据统计，绝大多数失败的创业案例都是因为没能撑过最初的几年。而之所以没能撑过去，不仅仅是由于资金因素，更关键的是心理因素所致。

上班族也是同样。刚进入社会的前三年，是决定一个人将来的非常重要的时期。

我们姑且不论跳槽的人的情况，对于应届毕业生而言，工作的最初几年肯定是不了解自己的工作性质和工作内容的。这段时间里，新人就像是在公司这个伸手不见五指的"暗室"中摸索着寻找自我。

在公司里，自己究竟有多少的分量？我能干什么？以及我不能干什么……

让我们以销售员为例。销售员的业绩能够以数字的形式直接表现出来，比较清晰。如果员工的业绩明明白白是正数，那当然没有问题；但如果经过整整一年的努力工作业绩还是零，员工心中自然会十分不好受。

然而这种时候的忍耐力大小，恰恰决定了一个人今后的发展潜力。

"二八理论"是会风水轮流转的

"二八理论"这一商业术语是指：八成的销售额是由两成的高端客户所支撑的。

这个理论对于职场同样适用。八成的利润，是由两成的上班族产出的。不过这里的"两成"却并非一成不变。

也就是说，创造大部分利润的并不总是局限于相同的几个人。否则，公司内部就无法保持良好的平衡。

产生很少利润的八成职员同样是公司必不可少的组成部分。

我入职第一年基本没有做出任何成绩，第二年里研发的产品也没能上市。当时的我，是个名副其实白拿薪水的"偷薪贼"。

当时和我一起进公司的同事当中有人已混得风生水起，这些对公司做出了卓越贡献的人免不了会说三道四。在他们口中，我就是白拿了薪水却一事无成的人。

对于优秀且心高气傲的人而言，这种状态令人相当地难以忍耐。而有些自卑的人或许会出于"至少得干满工资分内的事"的心态，到处给其他人帮忙或做些杂务，以求弥补。

但是别忘了，公司绝不是为了找人做杂务才雇用你的。受到帮助的人或许会感激你，但这些事并不能算入你的工资分内。

还是以我自己为例吧。在工作的第三年，我终于看到了收获。但在我亲眼见到自己研发的产品上市之前，我就已被调离了研发部门，去负责其他的工作。被卸任时，我真的受到了很大的打击。

放宽心，每个人都是从「偷薪贼」开始的

不过如今回想起来，我已经可以理解公司的做法了。在那个时间点上将工作移交给其他有才能的人，这正是公司的运作方式。

顺便提一下，那个产品上市之前，项目的负责人又一次变更而产品直到上市一年后才真正产生了收益，整个收益时间滞后如此之久。

从公司的角度来看，只要收益增加，是谁做出的成果并没有太大影响。

耐心期待成果的"接力棒"传过来吧

古人云：只要工夫深，铁杵磨成针。这句话放到现代职场同样适用。应届毕业生进公司一般到第二年才会像点样子，而等到第三年才算是踏上正轨。

有些人进入公司后很快就能成为创造巨大价值的那两成人，但更多人是做不到的。所以我们只要安心当剩余的八成就好，机会是均等的，总有一天会落到我们的头上。在此之前，你只要每天挤上高峰期的地铁准点抵达公司，每天按时下班回家，做到这些，你就算是合格的公司职员了。如果你一直在重复失败或犯错误，就将它当做一种投资吧。一般而言，投资越多，可能获得的回报也越高。

坚信自己总有一天能做出成果，眼下就安心地当个"偷薪贼"吧。

在这个时期内不断经历各种失败、不断总结经验，才能在将来做出成果。

不经过练习就一举成功，只能算作运气好。自然，人人都期待好运，但是我们如果一直守株待兔，那就不是工作而是赌博了。有许多在一开始做出很大成绩的人到后来渐渐变得默默无闻，或许就是因为这个原因吧！

无论多么优秀的专业人士，都必须通过练习，即反复的失败来累积经验。只有这样做才能提高成功率。能清醒地认识到自己是在"白拿薪水"反倒是一项优势。只有我们认真思考如何才能在这样的环境下大展拳脚，才能给自己、同时也给公司带来利益。

而且这项理论还有一个优点，那就是让我们能从其他人的成功中分享到喜悦。因为正是由于有了他人的成功，自己才能获得"锻炼"的机会。

放宽心，每个人都是从"偷薪贼"开始的

做不出成果 → 就当是带薪进修吧

重新爱上你的工作
枠からはみ出す仕事術

为了最后的感动而工作

我曾在公司担任产品研发工作，也曾从事写作，还担任过学习会和演讲会的讲师。无论做哪种工作，我心中最先考虑的一点便是——工作时一定要创造出令人感动的最后一幕。

在本书的序言中我曾提到，我在学生时代很不擅长与周围的人交往，几乎没有与朋友一起完成某项任务并获得快乐的经历。但在我心中仍然拥有一段十分美好的记忆，那是发生在高中运动会时的事情。

我就读的高中有一项传统活动——在运动会时组织拉

拉队表演。这项活动需要低年级学生与高年级学生搭档组队，经过每天艰苦训练，然后在比赛当天飒爽登场。

拉拉队的训练强度可不是一般的严苛。若无法严格遵照高年级学生的指示行动，就会被骂得狗血淋头。由于我一直不擅长团队体育活动，在这项训练中可谓是吃尽了苦头，每天数着日子期待运动会早一点结束。

在第一次的舞台上获益匪浅

在运动会终于结束之后，高年级学生却单独叫了我一个人去参加他们的庆功宴。我以为获得了前辈们的另眼相看，感到十分开心。可当我意气风发地抵达会场时，才发现自己太天真了。

"表演个节目来看看吧！"学长忽然下令，我只好磨蹭着走上台去。

大概是看出了我的窘迫，学长便提议："不如模仿桑田佳祐$^{[1]}$吧。这个没什么难度，大家几乎都会！"

---

[1] 桑田佳祐（1956—）日本歌手、词作家、曲作家。乐队"南方之星"的主唱及吉他手，也负责"南方之星"主要作词作曲，可谓"南方之星"的灵魂人物。——译者注

于是我只好硬着头皮不伦不类地模仿了桑田佳祐，沦为众人的笑柄。然而在笑声中，我却不知为何感到几分快意。

在场的所有人在过去的几个月里为同一个目标付出了无数的汗水，由此而诞生了强烈的同伴意识。所以即便被他们嘲笑，我也不觉得羞耻。相反，我意识到自己已经获得了大家的认可，有一种十分欣慰的感觉。我意识到，正是因为撑过了当初让我十分讨厌的训练，此刻我才能体会到这份满足感。

直到如今，当有人问我一生中最开心的时刻是什么时候，我最先想到的依然是当年运动会结束时的最后那一幕。

扪心自问，你是否快乐

所以直到今天，我依然在为了品味这"最后的感动"而努力工作。

这份喜悦和感动只有一同经历了辛苦劳动的团队成员才有资格分享。如果一份工作不存在"最后的感动"，那么无论做出多少成果也无法令人体会到快乐。

有时，明明一项工作进展顺利，各项阶段性目标都按部就班地顺利实现，但我却直觉地感到有什么不妥。每当这时我就会问自己："当这项工作完成后，团队的所有成员是否都能像我在当年运动会上那样开怀大笑？"

如果答案是"No"，我就会调整工作的进展方式。

而以前的我却不是这样的。只要能做出成绩，团队成员是哭还是笑我都无所谓——这就是我第一次被任命为项目负责人时的心态。

那时的我一心只挂念着工作结果的好坏，并且也的确做出了一定的成绩。然而从那之后，却没有任何人提出愿意再次与我共事。项目结束后，我所收获的只有空虚。

经历过这样的失败，我才开始逐渐改变自己的态度。如今的我觉得，衡量一项工作成败的最佳方式或许应该是"能给一起共事的人留下多少感动"才对。我真心希望自己负责的工作能令所有共事者笑着说："能参与这项工作真是太好了！"

我们所设定的工作目标不应该只包含"完成计划"，还应当进一步地包括"制造感动"。对我而言，向着"最后的感动"前进才是我顺利完成工作的核心动力。而我之所以能从工作中感受到快乐，正是因为我无论何时都以这份感动为目标，心无旁骛地前进。

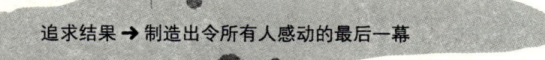

快乐转变法则5

追求结果 → 制造出令所有人感动的最后一幕

枠からはみ出す仕事術

第二章

工作就是要挑三揀四

枠からはみ出す仕事術

把"不喜欢"与"喜欢"搭配着来做

无论是谁都会有擅长的工作与不擅长的工作，也都会有实在不想去公司的日子，不愿从被窝里钻出来的早晨。毕竟，人不是机器，不可能日复一日永远保持最佳状态。

那么，我们就必须想些办法克服这种状态的起伏。

我也不例外，我也曾在面对自己不感兴趣的工作时，连一根手指也不想动。

「用音乐保持"节奏"」

为了推动自己迈出第一步，状态不佳的时候，我们不妨听听音乐，而且最好是活力十足的摇滚。这绝对是十分有效的方法哦！在音乐节奏的伴随下踏进办公室后，我们就可以轻松地按照常规流程开始一天的工作了。

在本书的序中也曾提到，有段时间我对工作厌恶到了极点，以至于每天都是哭着去上班的。当时我满脑子都是对自己的质疑："把自己搞得这么痛苦了却还要坚持工作，到底是为了什么？"

而帮助我从这种颓废状态振作起来的歌曲，是B'z乐队的"ultra soul"。

"到底要多努力才够？到底是为了谁……"

这首曲子是这样开头的。而我则一边听一边和着歌词在心中默念"对，是为了我自己！"一边穿过公司的大门。

当时我所参与的工作恰恰是我自己提出的企划。但当该企划转为公司的正式项目之后，所有事务就不可能只凭我的个人决断作出决定了。没办法，公司运营就是这么一回事。

每当项目有所进展，我都必须在公司内部进行述职汇报，而执行新企划的过程永远是孤独且艰辛的。

然而我的这份艰辛却并不仅仅是为了公司。一想到自己当初提出申请时的期待，想到自己已经努力到这个地步，我便能鼓起勇气再次迈开脚步。

踟蹰不前时只要能重新迈出第一步，困倦的清晨只要能掀开被窝坐起身来，身体的习惯就会引导你自然而然地继续做下一个动作。

在不喜欢的工作前挂上"胡萝卜"

类似于上文所说的播放喜欢的音乐，为了给自己制造一个开始工作的"契机"，我们不妨先设定一样"自己喜欢的东西"。

倘若第二天不得不早起，我会预先买一本自己感兴趣但还没读过的杂志或小说，并将它放在桌上。一想到第二天早上起床就能看书，第二天我便能顺利克服惰性早起了。

或者，也可以在前一晚买好一直想要的某样东西，但忍住不拆封，怀着第二天早上起床后再拆的期待入睡，那么早起也就不那么痛苦了。

我个人最不擅长的就是做出差预算或写报告书之类的书面工作。为此，我特意准备了喜欢的钢笔以及富有创意的文字处理软件，规定自己只有在做这类工作时才能使用。

满怀着使用喜欢的东西的期待，就会比较容易搞定讨厌的工作。所以无论是不愿起床的清晨，还是面对烦人工作，我们都可以利用自己的期待或喜欢的东西作为"胡萝卜"，来给自己加油。

快乐转变法则6

讨厌的工作 → 给自己找个动力来源

别用公司统一配给的文具

上文提到我会把自己喜欢的东西带到公司，那么就再举个例子吧。

也许有不少读者读过我的第一本著作《别告诉我你会记笔记》，而且也是通过这本书知道我的。没错，我十分喜欢文具，甚至专门以记笔记为主题写了一本书。但我在刚踏入社会时，也曾和各位一样，想也没想就用了公司统一配给的本子和笔等文具。

当时我读到一本齐藤孝老师写的书，看到其中提到灵活使用三色圆珠笔的方法，就想要实践一下。但问题来了，公司没有三色圆珠笔可供领用。

于是我只好从仓库分别领取了红、黄、蓝三种颜色的笔。本来按书上所说应该用绿色的笔的，但因为公司没有，我只好用黄色荧光笔代替了。如此一来，齐藤老师所说的"三色圆珠笔"到我这里变成了"三支不同颜色的笔"。

结果可想而知。三支笔交替使用不是一般的麻烦，并且效率很低。但当时的我却依然固执地继续使用公司配给品。理由么，当然是出于"既然可以从公司领到免费的，又何必再自己花钱去买呢"这种小家子气的想法啦。

大家用的不等于自己想要的

公司的配给品只能满足最低程度的需求。这一方面是为了节省经费，另一方面则是因为各个部门和岗位对文具的需求不尽相同，总不可能面面俱到。既然只是为了满足所有人最低程度的需求，那么自然会有一部分的个人需求无法获得满足。

当我们需要用到更高端的文具时，虽然也可以向公司提出申购请求，但对于仅值几元或者十几元的笔和纸而言，申购流程实在是太麻烦，我们消耗的精力都远不止这点零钱。所以绝大部分的人也就继续用免费配给品对付着了。然而有一天我忽然醒悟，为了节省区区几元钱的纸笔文具而使得自己的工作效率低下，甚至影响了自己的工作热情，真是得不偿失的大蠢事！

自此之后，我就将自己喜欢的文具带到公司使用了。

各色彩笔、带有漂亮时尚花纹的透明胶带和橡皮……我的办公桌逐渐被各种新颖的文具占领。

在尝试选用自己顺手的文具的过程中，我体会到了一些心得。首先，买文具之前必须仔细了解文具的功能，好好想想它们到底能派上多大用场。

一想到是自掏腰包，人就会认真起来，积极寻找是否有更实惠、更好用的文具可供替代。于是挑选文具的过程就会变得愈发有趣了。

「用自己的记事本消除上下班的界线」

然而使用自己的文具后最大的变化却在于，公事与私事的界限变得越来越模糊了。

在使用公司配发的记事本时，我通常只会在上面记录与公事有关的内容。比如会议时间、项目进展状况、想法创意、前辈指点的技巧或是各种注意事项等。不知道为什么，就觉得既然本子是公司配发的，那就只能写公事。但这样一来，却也会让公事和私事之间的计划常常"打架"。

有一次别人和我约时间，我查看工作记事本，见工作计划一栏写着"当天傍晚无约见"，就答应了对方的预约。可是回到家再查看私人记事本却发现当天有亲戚要来做客，已经和他说好了提前下班，于是我只好取消预约并向对方道歉。

记事本就相当于人的大脑。利用不同的笔记本来区分公事与私事，就相当于在自己的大脑中将公事与私事彻底区分开来。因为一本笔记本而受到上下班界线的束缚，反而弄得自己很被动。

上班族虽然指的是"付出劳动拿薪水"的人$^{[1]}$，但只要其劳动付出与工薪所得等价，就和棒球选手、足球运动员一样，也是"专业人士"。既然是专业的，就一定会选择合适的工具。

[1] 日语中"上班族"一词由"Salary"和"man"两个单词拼成。意同"领薪水的人"。——译者注

铃木一郎$^{[1]}$在比赛时用的可不是西雅图水手队统一配给的球棒和手套。他选用自己最习惯的钉鞋和球棒，才取得了如此傲人的成绩。曾在1998年长野奥运会上获得男子速滑500米冠军的速滑选手清水宏保通过自己的调查试验发现，在冰鞋中添加碳素纤维这种特殊材料就能提高硬度，于是亲自向制造厂商定做了专用的冰鞋。

不仅是这些名人，就连厨师、木匠等各行各业的专业人士都会选择自己最称手的工具。

上班也是一种"专业"

可是，会亲自认真挑选笔记本、备忘录和笔等工作工具的上班族，实在是太少了。

换成是运动员，他们绝不会说出"既然是工作，拿多少钱就做多少事"这种话，也绝不会产生"薪水太低了啊，还是能偷懒就偷懒吧"这样的想法吧？然而同样是专业人士，我们上班族中却有不少人认为，反正不管做多做少工资都不变，所以不如少做点，腾出时间还能花费在兴

---

[1] 铃木一郎，效力于美国职棒大联盟西雅图水手队，曾创下在日本连续7年取得打击王等多项惊人纪录。——译者注

趣爱好上。

我在自己的书中提出的建议只是将公、私记事本合二为一，但我最希望让大家明白的却是，挑选自己工作用的工具，能令你在工作中体会到数倍于前的快乐。

学着像木工或厨师那样，为了提高自身技艺而重视自己的工具吧！这样做不仅能提高工作效率，这种专业意识还会给你的工作带来极大的乐趣。

通过亲自挑选文具——也就是上班族的工作工具，我得以意识到，自己原来也是一名"专业人士"。

快乐转变法则7

自己选择文具 → 成为专业的上班族

用最简洁的方式解决你讨厌的工作

本书反复强调要在工作中寻找快乐。但令所有工作都成为让人积极享受的对象到底是不可能的。

我刚进入公司就被派往和歌山负责新型洗涤剂的研发工作。这项工作虽然辛苦，但创造新产品与我的个性十分契合，做起来动力十足。然而突然间一纸调令，却将我派去了东京的公司，让我一时实在难以接受。

正如本书序中所提到的，当时我的妻子即将生产，我只能独自做搬家的准备然后孤身赴任，直到半年后才渐渐在东京安顿下来。当时我完全不清楚到东京后会从事哪方面的工作，同时也很挂念家人，但也只能暗暗腹诽公司实在是太乱来了。

新的工作是负责化妆品研发。作为一个之前一直埋首于洗涤剂研发试验的研究员，面对专业领域跨度如此大的工作，当时的我简直就是两眼一抹黑。

而且在这份工作中，含有大量需要提交书面报告的环节，这恰恰是我最不擅长的。因为这是新成立的部门，所以每个环节都必须向上司以及相关负责人汇报。

虽然我并不讨厌执行工作的过程，但每当到了需要将结果整理成书面报告的时候，我就会彻底丧失动力。比起总结，我更喜欢进行下一步的新工作。所以对我而言，整理报告书是最痛苦的工作。不过恰恰是在做这项工作的过程中，我有了新的领悟。

那就是，如何才能将讨厌的工作尽快结束。

「只动手，不动脑」

越是想着"我不想做啊……"就越痛苦。

所以，我们要将工作简化到什么也不用想就能机械地进行的程度，然后以恰好保证不会出错的速度尽快搞定它。

介绍如何提高工作效率的书籍以及相应的辅助工具有很多，这些信息和工具用来执行无聊的工作再合适不过了。我平时有事没事就会读一些工具书，或者上网搜索办公软件的最新动态，为的就是尽快解决那些讨厌的工作。

有关我在实践中摸索出的具体方法，可以参考《别告诉我你会记笔记》和《文具@高效率：办公室文具活用术》等书籍，在此就不再赘述了。本书希望与大家分享的是，在想方设法将讨厌的工作尽快解决掉之后，还应该干些什么？

早解决，早自由

只要是工作就一定有期限。必须提醒大家注意的是，就算在规定的日期之前已经做完自己讨厌的工作，也千万不要将工作结果提前上报。

恐怕有人看到这里会指责我真是太不负责了。然而大家可以设想一下，如果某项工作给予了三个月的期限，就代表这个工作用三个月完成是最标准的。同理，若期限是四天，就代表标准是四天；五小时的话则标准就是五小时。也就是说，只要在该期限内完成，无论早晚都属于合格。

绝大多数人恐怕都是扎实稳妥地将工作一步步做完的人，虽然是自己讨厌的工作，也会提前完成。这时，如果我们老老实实告诉领导"我已经做完啦"，那么一定会立刻被委派下一份工作，于是我们恐怕永远也没机会着手去做自己想做的事了。

因为在他人看来，你能比期限提前并且毫无疏漏地完成这项工作，意味着你很适合做这类工作。一旦让领导产生了这样的判断，相同的工作可能就会源源不断地分配下来。所以，你最好充分利用给定的期限，按自己的喜好安排时间。

我的观点是：快马加鞭将事情做完，剩下的时间你就能随意支配了。

所以我绝对不会在给定的期限之前上报工作结果。就算已经做完了，也会等到期限的最后一刻才上报，多出来的时间就用来做自己喜欢的工作。

反过来，如果交给你的是喜欢的工作，那当然是做完之后越早上报越好。早提交，就有资本主动地要求做这项工作的后续工作。

寻找兴趣与工作的交叉点

当你以最高效率解决掉讨厌的工作之后，就可以"想做什么就做什么"了。这剩余的时间当然不可能用来钓鱼或玩游戏。但却可以读读资料或学习些专业知识，为做自己喜欢的工作而充电。

对于加班，我的看法也是相同的。

虽然有的公司以"杜绝加班"为目标，但目前的社会上却依然将加班视作理所当然。人与人之间必然会存在能力高低的差距。明明应该是不把工作拖到下班后的人更为优秀，但在大多数情况下，这些人却无法丢下一句"那我就先走啦"，然后潇洒下班闪人。

今天的工作明明都已经做完了，但我们却不好意思先走。尤其是如果还是刚进公司的新人，就更不敢比其他人先走了。我在很长一段时间内也曾经如此。

私下里，我很喜欢玩电脑。所以每次被迫加班时，我都会沉浸在电脑世界里，研究电脑的功能，或者上网调查一些感兴趣的问题。如今由于我精通电脑软件的功能，无论是做PPT汇报，还是整理数据资料，我都能以相当高的效率完成。

诸如此类位于兴趣与工作的交叉点上的工作还有很多。空闲之时埋首于此类工作，不仅能让我们感受到快乐，还能降低被委任讨厌工作的频率，何乐而不为呢？

快乐转变法则8

重新爱上你的工作

知道≠实践

人的大脑中有一种叫做"镜像神经元"的神经细胞，它负责管理新技能的学习以及与他人的共鸣能力。模仿他人的动作和行动可激活该神经细胞，从而提高自身学习技能的能力。

也就是说，"想变成像那个人一样"的欲望，是我们成长过程中不可或缺的要素。据说演员竹中直人先生$^{[1]}$就

[1] 竹中直人（1956年3月一），演员、编剧、导演。作为演员，他出演的作品超过80部。——译者注

曾通过彻底模仿松田优作先生$^{[1]}$的语调、动作和服装，建立起了自己作为演员的基础演技。

在某领域内发挥出卓越能力的人，必然曾模仿学习过某位前辈，类似这样的事例不胜枚举。

「复制偶像的一切」

在第一章中，我曾提到自己在打工当会展工作人员时首次体会到了工作的乐趣。当时，我生平第一次遇见了一位令我感到"帅呆了"的人。

他是我打工的单位里的前辈。这位前辈无论在哪儿，都很惹人喜爱。即使是别人唯恐避之不及的会展监督大叔也很喜欢他。和这位前辈在一起时，甚至会被允许提早收工。可以说，正因为有了这位前辈在，我才能体会到工作的快乐。

崇拜的人就在身边，让我不由得产生了"那就模仿他吧"的念头。我希望能成为像他一样的人，于是开始彻头彻尾地模仿他。前文所述我自掏腰包买咖啡请客的举动，

[1] 松田优作（1950年9月—1989年11月），演员。——译者注

实际上就是在照搬他的行为。

我花光工资买下与他相同品牌的衣服；从动作到口头禅，从打招呼的方法到负责人责备时反驳的口吻，乃至发生纠纷后的处理方法以及待人接物的模式，事无巨细全都一一模仿。甚至就连走路时，我也学着像他一样稍稍摇晃肩膀。

直至今天我在工作中处理问题时的基本原则，几乎全部继承自这位前辈。

商务书籍是复制的便利工具

崇拜铃木一郎的棒球少年一定都渴望拥有铃木一郎专用的球棒、钉鞋以及手套。

我十分尊敬设计师佐藤可士和老师，只可惜并没有"佐藤可士和专用"的办公用具卖（否则我一定会买）。作为替代，我通过阅读他写的书，获得与他相同的思考方式。

成年人通过阅读这种方式，将偶像的思考方式复制到自己的大脑里，从而达到接近此人的目的。我在我自己的著作中曾提倡实践书评这一行为，即"在读书时将其中自已能够实践的内容摘录出来"。

经常有人会在读书时说"这本书里写的我早就已经知道了"这种话。然而我认为，是否"已经知道"其实是一件无关紧要的事。因为书中所写的诀窍并不是为了让你"知道"，而是为了让你把这些诀窍"复制到脑袋里"然后进行实践的。

明明"早就已经知道"，可我们为什么从未实践呢？以佐藤可士和老师为例，他的厉害之处并不在于写出了一本书，而在于他将书中所写诀窍的全都落实在了实践中，所以他才能有成就。

书本中所记载的内容并不一定都是什么跨时代的重大发现或发明。将这些总结出诸多诀窍的作者的著作当做说明书，并把自己当做机器人，指挥自己做出相应的行动，才是商务书的最有效的利用方法。

而在选择这些诀窍时，我们不能根据"知不知道"，而要根据"能否实践"来进行选择。不仅是书，如果我们对其他信息也以这样的视角来选择，就不会沦为光有理论而不会动手的人了。

快乐转变法则9

热衷于总结诀窍 → 熟能生巧

知道≠实践

模仿自己讨厌的人

上班族的压力来源有很多，而其中最常见的便是人际关系。

在学生时代，我们只要和与自己志同道合的朋友来往就行了。而一旦踏入社会，就没法这么随心所欲了。无论被分配到什么部门，我们都很有可能遇到自己不擅长打交道的同事。我自己就不止一次遇到过这种糟糕的局面。

在前文中，我建议大家最好能模仿自己崇拜的人；而在这一章节中我则要指出：模仿，在与自己讨厌的人建立人际关系的过程中同样能发挥良好效果。

别企图甩掉讨厌的上司

上班族经常会遇到人事变动，工作内容也时不时地发生变化。由此造成自己的上司相应变更。我就曾在好几种不同类型的上司手下工作过。

其中有一位上司事无巨细都要一一过问，而且还爱向人吐苦水。哪怕只是和他待在同一间房里，我都觉得干劲顿失。一句话总结就是——他是我最讨厌的类型！

然而在我和他一起工作数月之后，我忽然发现自己正在用和那位上司相同的口吻向人吐苦水……

虽然在心中不断呐喊着"绝对不要变成像他那样"，但我却依然无法避免地在无意识中被他同化。当我意识到这一点时，备受打击。我这才知道，原来人们的思考方式、语气和动作也是会传染的。

工作期间即使遇到再讨厌的人，也难免必须长时间和对方待在一起。甚至正因为不断产生"讨厌"、"应付不来"这样的负面情绪，反而导致了自己与对方更加接近。

当我意识到自己不可避免地会受到最亲近的上司和前辈影响时，便产生了一个想法。我想到，我可以有意识地控制自己，只吸收对方好的方面。

无论是谁，总会有自己的长处。为了避免受到精神上的负面影响，我们必须找到对方的优点，并积极主动地去模仿。

例如，某天我和那位上司一起去工厂出差时，他忽然下了个命令："去数数停车场里停了多少辆车。"这简直令我丈二和尚摸不着头脑。

当我们进入工厂之后，他又叫我"测量一下车间的面积"。

我只好回答："对不起，我没带卷尺，没办法量。"

他却说："就算没有卷尺也可以量呀，用步数量不就行了。"并亲自迈步开始测量。

他一边走着一边还不忘进一步下指示："记得一边走一边数数油桶的数量。"这命令真是越来越离谱了！

既然是上司的命令，我只得照办。但想破了头也想不出这些举动有什么意义。

然而，他这么做的确有他的理由。他根据停车场的车辆数目、车间面积以及油桶的数量，推算出工厂员工的数量、容纳能力等工厂的潜在能力。我从他这里学到了这项窍门，并纳为己用。

这位上司还对金钱特别敏感。出差期间在新干线上买个便当、喝个茶的费用，他都能以分为单位，精确地计算出每个人应付的份额。

身为上班族，出差期间的费用自然要AA制结算，等回到公司后再分别报销。但在便利店买完便当之后忽然听见对方说"还欠两分"时的心情，与其说是觉得麻烦，不如说是扫兴。从感情上来说，我实在是忍不住腹诽一句"真小气"。但如果反过来把它作为一种像银行职员一样"一分一厘也不能马虎"的态度，却值得我们学习。

将心思放在"诀窍"上

像上面这样，将精神集中在模仿对方的有用诀窍上，自己的性格就不会那么容易被对方"污染"了。

多亏了模仿这位上司的诀窍，我对公司的各项数据变得越来越敏感了。几年后，当我以项目负责人的身份参与到新产品的开发中时，这方面的经验派上了很大用场。我已经能熟练地把握客户的经营状况以及其他公司的项目规模等。如今，我也已经会不自觉地通过走步来测量客户工厂的规模，并估算工厂生产规模和能力了。

虽然这位上司与我性格不合，令我感到棘手，但我却不能否认他的优秀。这样的人在公司里是很常见的。

说得极端一点，正因为他们优秀，所以他们通常无需他人相助，自然大多有着"令人讨厌"的性格了。

模仿还容易获得他人的好感

模仿自己讨厌的人还会产生另一种意想不到的效果。因为我越来越像上司，所以上司也就越来越喜欢我了。

因为人们总是会觉得，模仿自己的人一定是对自己怀着敬意的。

上班族能得到上司的青睐和好评，自然是求之不得的事。在公司里，无论是升职还是下放，都是由上司说了算。因此与其因为厌恶而刻意疏远对方，还不如尝试着以"模仿"的方式去接近他。

在那之后，我又被公司调去了别的部门。但无论在哪儿，我都已经养成了以分为单位精确计算每个人应付开支的习惯。

只可惜，这样的"后遗症"实在不能说有多讨人喜欢……

讨厌的人 → 挖掘诀窍的宝库

模仿自己讨厌的人

专业人士就要改变自我

每当遇上调动、外派或转职之类的人事变动，我们的工作环境必然也会随之发生变化。但环境改变了，不少人却习惯于维持以往的处事方式不变。引发困境或导致压力的大部分原因在于没能及时"更新"以往的自己。

每当环境及场合发生变化时，我们都必须将自己当做乐器，重新进行调音。

据说现在很多年轻人就职不满三年就辞职了。我觉得这恐怕是因为他们不懂得如何进行"调音"吧。走上社会之后，如果我们依然保持着在校生的状态进行"演奏"，当然无法与周围协调。不过，别看我现在一副对你们谆谆教导的样子，其实我曾经也存在这样的问题。

爱咬人的狗不遭待见

我在读研究生阶段所研究的课题属于粉体工程领域，所以一进入公司，我就被分配到开发新型粉末洗涤剂的部门。

在部门里，若单论对于"粉体"相关知识的了解，我与数十年从事本领域工作的上司和前辈相比也不遑多让。然而日复一日失败的试验结果，却令我的热情不断遭受打击。

我将这些失败的原因一股脑儿归咎到上司和前辈头上，动不动就嚷嚷，"为啥他们就想不出更好的方法呢！"现在想来，我当时真是个棘手的新人啊。

根据学生时代的经验，我以为只要能犀利地指出试验中存在的问题，就能获得高评价。在大学这个场所里，如果能在讨论中一针见血，就能得到赞赏。然而在公司，这种做法却行不通。思考问题的解决方法并将其落实到实践之中，才是上班族应做的工作。

可惜，刚进公司的我对此并不了解，所以无论遇到什么事，我都直接提出反对意见，总想着去更好的部门，从事更有价值的工作。然而无论我怎么嘟嘟着批评别人，却始终无法改变现状。

请大家设想一下吧。

你所饲养的宠物狗生了一窝小狗，朋友们知道后都想领养。那么你会挑选其中的哪只小狗送给对方呢？不停汪汪叫、还冲上来咬人的狗肯定是送不出手的。要是把这么讨厌的小狗送给对方，自己的人品一定会遭到严重质疑，所以只能留下来自己养了。

公司里手握人事大权的领导层就相当于例子里的那些好友。所以，他们一定不会将总爱挑刺的部下派到对方的部门工作。

所以如果我们想要进入更好的部门，从事更有价值的工作，首先必须让自己成长为令上司感到"带得出手、不会丢脸"的员工。于是话题回到开头，我们要做的，是努力让自己适应工作环境。

如今回想起来，面对我这个总是吵闹挑刺的下属，当年的上司还真是有耐心啊！一想到自己现在也很可能会遇到那样只懂哇哇乱叫的下属，我就感到心情沉重。

向转会的运动员学习

若环境改变，则自己的定位也要改变。学会这个道理的最好范本就是运动员。例如那些从日本转会到国外的棒球运动员和足球运动员。他们很少能有机会在新的球队继续担任与在国内时相同的位置。

足球运动员中，中田英寿先生在日本更倾向于站在进攻的最前线；但他转会到意大利之后却被从前锋位置上换下来，担任了防守位置。之所以会有这种变化，是因为日本足球队与意大利足球队的战术风格大相径庭，所以队伍所看重的位置及能力也是不同的。

为了能在不同的队伍之中大显身手，我们就必须调整自己，发挥出队伍所需要的能力。中田就做到了这一点。不止是中田，其他不少运动员都能根据环境的改变，判断自己在新的环境下应当如何表现才能获得更好的评价。

铃木一郎曾被人评价是个人表现意识相当强烈的选手，但在2006年的世界棒球经典赛中，他作为队长完美地完成了引导队伍的使命。

优秀的专业人士应当擅长改变自我，但很多人却拥有完全相反的概念。他们以为，专业人士就应当始终坚持自己的风格。

然而真正的专业精神应该是：为了实现更高的目标，必须有勇气毅然舍弃曾经的骄傲和已有的成就。

上班族不也正是如此吗？

正如上文所言，很多公司都有定期调岗制度。很少有人能长时间从事相同的工种，始终处于相同的环境之中。在我的熟人之中，有人无论是在销售、后勤、还是人事部门，都能很好地完成工作。我想，他就和专业运动员一样，能根据环境做出自我改变吧。

而另一方面，也有人在学生时代成绩突出，但到了公司却始终无法适应。环境已经改变，这些人却无法理解其中的变化，于是也就无法对自己进行调节了。这就好像有些人年轻时很帅，但到了中年脸型和体型都变了，他却依然保持着"我很帅"的心态，令周围的人哭笑不得。

就业、转职、调动、结婚、生子……人的一生中需要面临的改变实在太多。每当这时，我们应该好好思考，如何才能将自己从前的频段调节为顺应当前环境的模式？只需意识到这个问题，就能让我们的压力显著减小。

快乐转变法则11

拘泥于自我的风格 → 改变自我，磨砺出灵活性

专业人士就要改变自我

枠からはみ出す仕事術

第三章

养成凡事逐步分解的习惯

枠からはみ出す仕事術

在失败中寻找 "意外收获"

在公司里，很少有人能一开始就从事自己喜欢的工作。但即使是自己不感兴趣的工作，为了薪水我们也必须忍耐着做下去。这种情况不仅发生在刚刚就职的新人身上，就算是资历很深的老员工，也有不少人不得不长期怀着这样的心情坚持。这就是现实！

自从踏入社会以来，我也曾有好几次不得不怀着这种心情工作。

加入公司三个月后，我就开始每天和同事相互诉苦，非常想辞职。并且真有一位和我同时进入公司的员工辞职离开了。我之所以坚持下去，是因为当时已经成家，必须养家糊口。这对我而言是必须最优先考虑的事项。

能问"为什么"，就不至于沮丧

当时，我所属的研究团队正在做一项十多年都未能完成的课题，难度相当高。可以这么说，几乎所有常规方法都已经被以前负责的人尝试过了。但是糟糕的是，由于早期的实验记录并没有完整地保存下来，所以根本没法对以前进行的实验进行复核。

当时我们所能确认的只有一点，那就是按照现有理论是绝对没法完成项目既定目标的。为此，我们必须设计出一个完全打破常识的崭新的方案。

这个项目多年以来的兜兜转转，以"哥伦布竖鸡蛋"的故事来打比方就是为了将鸡蛋竖起来，大家都在使尽浑身解数考虑如何保持鸡蛋的平衡，但我们真正需要的是想出"把鸡蛋底部敲碎"这个打破常识的方法。

从理论上我就能判断出，完全按照上司的方案做，是绝对无法达到规定数值的。因为我在大学所学的专业与工作内容一致，所以即使只是个新人，也能明确地预测出彻底失败的试验结果。但不幸的是，我这个新人又没有资格反对上面的决断。

果然，一次次的试验毫无例外全都失败了。但上司却依然固执地坚持原方案，不断重复着相同的失败。身为部下的我们不得不为了一件明知会失败的事，夜以继日汗流浃背地工作。

抱怨归抱怨，当时的我除了能预测出必定会失败的结果之外，却并没有能力提出像"打碎鸡蛋底部"这样富有创意的解决方案。

于是我为了减轻自己的压力，怀着满肚子对上司的怨气，索性破罐子破摔，开始执著于"反正都是失败，那么一定要做出和预测结果百分之百一致的失败结果"！

每次看到失败结果，我就会很开心地在心里念叨，"看吧，做出来的数值和预测一模一样，果然失败了吧！"如果得出了意料外的数据，我就会仔细分析并记录实验数据，抱着"下一次一定要测出失败数据会是多少"的念头，努力做出更精确的预测……

虽然我的工作动力如此扭曲且阴暗，但却多少给工作带来了一些愉悦，让我不至于太过沮丧。因为虽然做的工作很徒劳，但自己的预期目标却实现了。

线索往往藏在意外之中

终于有一天，公司总部前来视察工作的田岛部长一边查阅我们一直失败的实验记录，一边不经意地问了一句："（实验过程中）有没有发现什么意外的结果呢？"

他的这句话令我顿时眼前一亮。我怀着半开玩笑的心情所做的"失败记录"，说不定能派上用场！

要详细讲述产品开发的来龙去脉就又得写一本书了，所以我这里就不再赘述。但这本"失败记录"的确成为了将产品的开发导向成功的重要线索。

这段经历令我认识到，失败也不可能完全按自己的预测来。恰恰是那些意外之事，才是具有重要意义的大发现。通向成功的线索，往往就隐藏在失败时的"意外之事"、"超出自己预期之事"当中。这个道理不仅适用于实验，同样也适用于所有的工作。

所以我变得不那么在意失败了。

失败之后别急着失望，先激发起自己的好奇心，多问问"为什么会这样"吧。

这个道理同样适用于自己完全不感兴趣的工作。就像有些人在漫不经心的旅行中也许就遇见了将来厮守终身的对象，在偶然观看的电影中也许就获得了创作灵感……

将这份工作坚持下去，说不定我们就能从中找到意料之外的乐趣。无论面对怎样的状况，只要别放弃，我们就能从中学到不少东西。

如今回想起来，我抛弃新人时期的既定思维，正是跳出工作的条条框框，创造出自己的工作方法的起点。

在失败中寻找「意外收获」

做一本"错误笔记"

正如我在前文所述，面对一开始并不感兴趣的工作，我们仍然可以通过制作一本记录失败的笔记，渐渐培养起自己的兴趣，并最终从中体会到快乐。我将这本笔记命名为"错误笔记"。

我发现许多好点子都是从失败之中产生的，所以开始积极地将失败和错误记录下来。制作一本这样的记录，将带来下面三方面的好处。

为遗忘而"记录"

将失败记录于笔端，我们便能尽快将其忘掉。

我认为："记录是为了忘记。"与此相关的内容我曾在《别告诉我你会记笔记》一书中做过详细介绍。通过记录，我们能将各种事情从大脑中删除，从而留下记忆空间用于记忆新信息。

"失败"的经历总是令人记忆犹新，我们往往忍不住在心里颠来倒去地后悔，"早知道就应该那样做啊，换成那样就不会失败了"。不过一旦将"失败"记在笔记里，我们就能轻松地将它忘掉，然后将精力集中到下一项任务中去了。

我就曾犯过搞混订单商品数量的错误。我本想以"个"为单位下订单，却错弄成了"箱"。本来只想买"100个"，结果送来了整整"100箱"。当我看到堆积如山的商品的那一刻，真是被吓呆了。

万幸的是，卖家接受了退货。但我只要一想到万一这是无法退货的商品，背上的冷汗就会哗啦啦地流下来。

将这样的失败记录在"错误笔记"里，处理完毕后就能轻松地将它从脑中"删除"了。不过从那以后，每当我下订单时只要打开笔记本就会看到这次的失败记录，也就会特别留意这方面的细节了。

从新的角度进行"翻阅"

我们可以通过笔记客观冷静地重新审视自己过去的"错误"。

我们可以每隔一段时间就在精神好的时候随意翻阅一下"错误笔记"。这时候，我们的心态已经发生改变，因此常常能找到看待问题的新角度。诸如"这个错误也是难以避免的呀"、"我居然因为这点小事而消沉"、"这个方法或许可以用在其他课题中"之类。

和我一样，所有人在经历了失败之后都会感到很难为情。虽然商务书籍中经常会出现诸如"失败乃成功之母"一类的句子，但这都是已经成功的企业家、艺术家或科学家才能说出口的话。

而另一方面，他人的监督及评价与上班族如影随形。往往还没等我们想到"虽然这次失败了，但也许很快就能转变为成功"，就会遭到周围诸如"看看你干的好事"之类的呵斥。特别是日本企业大多奉行"减分主义"，也就是说，能做到"不失败"的人比成功的人更容易获得认可，所以上班族对失败的承受力很弱。

享受"兜圈子"的乐趣

"错误笔记"能让你逐渐不再害怕失败。

我觉得，失败给社会利益带来的实质性损失其实只是所有后果中微不足道的一小部分。最严重的后果其实体现在精神层面，比如让我们在随后的工作中变得优柔寡断、丧失自信等。

以我自己为例，我的"错误笔记"上记载的种种失败，有些在后来成为了创造新产品的创意基础。所谓"失败"，仅仅意味着我们的所作所为不符合眼下任务的要求，很多时候，这里的"失败"也许换到别处就恰好能派上用场。所以与其称之为"失败"，在更多情况下不如将其称为"兜圈子"更合适。

一旦把它记录下来，那么只要想到这些"错误"总有一天能派上用场，我们就能在精神上获得一定的满足，从而加强对失败的承受能力。

正如很多人在小时候都曾有过令自己感到"我居然做

出了那样丢人的事！好想去死"的经历。但长大后再看，往往只觉得可笑，并且还能从中发现自己在其他方面的长处，比如至少当时做事的积极性可嘉之类的。

回顾"过去的失败"，你会发现"正因为有了那样的经历，所以才会有现在的我"。这是件很不可思议的事。

快乐转变法则13

用"虚拟决策权"，工作自己做主

我很讨厌开会。可是公司偏偏就是个不停开会的地方，甚至会为了减少会议而专门开会进行讨论。

身为新职员，会上几乎没有什么事是由我们自己决定的，所以参加会议纯粹就是种折磨。虽然无聊但我又不敢打瞌睡，于是不得不绞尽脑汁在开会时找些乐子。

而我想出的办法就是，不管开什么会都思考"如果我是现场握有决策权的人，会怎么做？"

这也就是虚拟的决策权，我将其称作"空气决策权"。

所有会议讨论的大致上都包含如下三点共同要素：

"谁？"

"在多长的期限内？"

"完成什么事？"

我在参加会议之前总会在心中预先做一些设想，例如"这份工作应该会交给川上先生"、"按照这个日程安排，截止日期大约会定在大约两周后"之类。如此一来，枯燥无聊的会议就变成了一种刺激的游戏。一旦发现自己猜对了，就会十分兴奋，而猜错的话，我就会根据会议的决定对预测进行调整。

用会议练习预测能力

不过，想要作出正确的预测就必须收集市场的相关信息，而且得对公司的运营状态、人事构架等都了如指掌才行。对于我来说，收集这些情报的过程就相当于收集"预测正确答案"游戏的内幕消息，其中的乐趣不言而喻。

然而不久之后我便发现，这个游戏的作用居然远不止"打发无聊"这么简单。

当我第一次以负责人的身份接管项目工作时，我发现，自己一直以来所做的预测游戏其实是锻炼决策能力的最佳方式。虽然我是第一次担任负责人，但我对项目的进展前景一目了然。

前文我已经提到，"自己拥有决策权"能有效地提高工作热情。但我的亲身经历可以说明，无法付诸实践的"空气决策权"也能起到同样的作用。无论面对的是什么工作，只要我们在工作时能思考"如果由我来负责该如何做"，工作热情就会源源不断地涌现出来。

而且，只要设想自己拥有决策权，我们就能站在宏观的角度纵观全局，针对诸如"若能提高该项目收益的话，会带来怎样的好处，具有怎样的意义"之类的问题做出自己的思考和判断。久而久之，我们就会对能够充分发挥自己能力的"好工作"变得十分敏感，从而能及时把握住稍纵即逝的机遇。

"天气预报"为什么不准

这个标题看似跑题了，不过我想先问问大家，是否知道"百分百猜中天气的方法"呢？

答案是不断作出预测，直到发布结果前的最后一秒。

天气预报之所以失准，是因为电视台的节目规划并非是即时性的，无法做到持续预测。换一个极端的说法——天气预报根本就不可能准确。天气预报员手中的播报稿以及背景画面在节目播出的好几个小时之前就已准备好，没法临时变更。这就跟导致公司项目失败的原因一模一样。

很多公司经营层以及项目负责人都误以为，会议中做出的决策即使是错的，也很难改变。其实，只要我们坚持在项目完成的最后一刻之前不断预测、不断根据新信息改变现有计划，成功的概率是肯定能够提高的。

这种"预测未来的能力"对想要做出成绩的人来说是必不可少的。

读过历史上那些做出伟大事业的英雄人物的传记，我们就会发现，他们往往在达成目标的最后一刻依然坚持根据新状况不断地调整自己的计划。成功人士总是坚持预测，直到最后一刻。

我们必须时常考虑，如何才能让工作圆满完成，并在计划完成的最后一秒之前坚持反复地进行预测与随时修正。

把这项原则落实到实践上，必定会给一起共事的其他人带去很多麻烦，但如果只是在开会时虚拟一下的话，谁也不会责备你的。

快乐转变法则14

无聊的会议 → 练习预测未来

用「虚拟决策权」，工作自己做主

下一步工作的提示就在眼前的工作中

你在什么时候的工作热情最高呢？当然是在做自己喜欢的事与自己想做的事的时候了。这种时候，你根本就不会有闲工夫去思考什么"工作热情"，肯定是一心一意沉迷于手头的工作。这样的状态，就叫做"着迷"。

当你会把"工作热情"之类的词语挂在嘴边时，就代表其实你的热情已经下降了。

导致热情下降的原因有很多，比如对原本着迷的事情丧失了兴趣，或是精神上处于低潮期。总之，就是再也没法进入状态了。

在不同的工作之间不断切换

但我却认为，既然没法进入状态，那就不要勉强自己。正如一台发生故障的引擎，如果勉强它继续工作，很可能会被直接烧毁。

这时，我们倒不如放弃出故障的引擎，直接换辆新车来得快。

一直做同一项工作，一直停滞在同一个地方，必然会导致厌倦，使得工作热情降低。就像低龄幼儿总是左扭扭右动动，很难保持一种固定姿势不变。活动身体是成长过程中不可缺少的要素，这是人类的本能。精神方面也一样，如果我们一直做同一项工作，必然会感到烦腻且干劲下降。当我们开始感到烦腻时，便意味着身体和精神正在对我们发出提示，希望我们能为了做出更好的成绩而想想解决办法。

"目前的阶段已经无法给大脑提供刺激了，所以差不多进入下一阶段吧！"——大脑会下达这样的指令。

然而正如不习惯活动身体的人没办法立即开始运动一样，精神上不习惯下工夫的人会逐渐放弃了动脑的习惯，变得越来越懒惰。因此，我们平时最好经常给大脑一些新

下一步工作的提示就在眼前的工作中

的刺激，哪怕是很小的事情也无所谓。只要能带来新鲜感，就能养成思考的习惯。

将工作分解至最小单位，就能看出下一步该做什么

根据我的经验，通过下面这样的方法可以长时间保持干劲，避免对工作产生厌倦。即从当前正在进行的工作之中，找出与下一项工作的联系。

请先试试将自己眼下正在进行的工作分解到最小单位吧。销售、管理、企划、开发……是最大的分类。然而无论是哪种类型的工作，将其分解之后我们都会发现，它其实是由多种不同的要素构成的。

比如，销售工作的核心是"卖"。但"卖"中又综合了"游说"、"倾听"、"记录"和"分析数据"等工作。我们可以从这些不同的工作方向中找到自己希望能有所建树的领域。比如我感兴趣并着重追求的是"记录、传达"这个部分，那么就比较适合以成为作家作为奋斗目标。

近些年在公司中，跨部门协作的横向项目团队变得越来越常见。这一现象证明，公司已经越来越重视组织的灵活性，所以像这种不受部门局限，有利于发挥员工所长，

能根据个人资质部署合适工作的团队才越来越受青睐。

在你所从事的工作当中，哪一方面的细节最能令你感到愉悦呢？将综合性的工作分解到最小单位后，我们就能找出自己接下来最想做的事情是哪些。

在当前的工作之中，必然蕴藏着与今后希望从事的工作的一些关联。所以，我们要尽早将其寻找出来。这样一来，一旦我们意识到自己对目前的工作已经感到厌倦，就可以根据这个联系来创造改变工作的条件了。

为了获得想做的工作，不耻"内部运作"

一旦我们决定好自己发展的新方向，就需要开始考虑如何才能从目前所做的工作过渡到接下来想做的工作了。

我虽身为产品研发人员，却对制定自己所研发的商品销售方案的工作抱有很大的兴趣。因为我毕竟是个热衷于赶潮流的小青年，所以总会在脑中妄想广告会找谁拍啦，说不定能遇到自己的偶像之类的场景。

然而在公司中，这些工作必定是由广告部负责的。就算我忽然提出"想做"，但既非专业人士又无相关经验，公司肯定是不可能把这个工作交给我的。

所以我自费购买了广告部员工所需的研究报告，然后主动将报告交到广告部的员工手中，这就是"内部运作"。

而且我还告诉广告部员工："如果有媒体来采访的话，请尽管使唤我没问题！"在此，我为之后能参与后期的销售工作埋好了伏笔。果然，真有媒体前来采访产品研发人员的时候，广告部就找上了我。就这样，我在公司其他人眼中就被定位成"兼具销售才能的研发人员"了。

在之后的化妆品研发工作中，为产品拍电视广告时我还真的获得了与偶像同席的机会。虽然我并不是广告部的人，但没有一个人觉得我出现在这种场合有什么不妥。

宛如从大脑延展向身体各部分的神经突触一般，一份工作也总是具备许多不同的发展方向。找到其中自己感兴趣的方向然后深入地探索下去，大脑就会自然而然地避免陷入厌烦状态了。

无论是什么工作，只要我们认真做下去，便总能从中找到与其主旨不同的、能引起你注意的细节。无论那是令我产生疑惑的细节，或是让我感到遗憾的细节，我都会将其记录下来。因为正是在这些细节当中，充满了能令我时刻保持工作动力、不产生厌倦的提示。

快乐转变法则15

在重复劳动中感到厌烦 → 这是需要换一份新工作的信号

下一步工作的提示就在眼前的工作中

枠からはみ出す仕事術

第四章 记录工作的「足迹」

分享达成目标的过程比统一目标更重要

为了做出成绩，整个团队必须拧成一股绳，齐心协力朝着目标迈进。这是人们常常挂在嘴边的所谓工作常识。

好莱坞电影《绝世天劫》（Armageddon）讲述的是当巨大陨石接近地球，人类陷入了灭亡危机之时，几位石油钻井工人组成"解体小队"，飞到外太空将陨石爆破，拯救地球的英雄故事。

很多电影、电视剧中都出现过类似的情节：为了达到某种目的，从各领域内选出杰出代表组成一个团体。团体内的成员之间免不了会产生摩擦，但他们最终总能群策群力，达成"拯救地球"这一终极目标。

然而，上班族的工作却不像电影里演的那样简单。

即使这项任务对公司而言是相当重要的，也绝对无法与"世界即将毁灭"的危机感相提并论；同样，我们即使顺利完成任务，也成不了"拯救地球的英雄"。如果在平常的工作中，我们也能产生这样濒临生死存亡的危机意识，那么一定能发挥出更充足的工作激情吧。但如果每天都得拯救地球，那也实在是太累了。

把话题扯回来，我想说的是，在公司这样的环境中，每个人在工作中所追求的目标（结果）往往是不同的。在专业人士的圈子中，每个人拥有各自不同的奋斗目标是十分正常的现象。

目标真的是唯一的吗？

以职业棒球作为例子，读者或许比较容易理解。作为观众，我们总觉得每个选手当然都会将球队获胜作为自己的目标。但事实上，与球队的胜利相比，有不少选手更重视打击率、防御率等个人成绩。

公司亦是如此。有的人更重视升迁，有的人更重视金钱，还有的人甚至根本不在乎工作完成得如何，就想着如何能早点回家。团队成员的专业意识，或者说他的个人能力越强，这种现象就越常见。

本节开篇提到过人们总以为要"朝共同目标迈进"及"分享同一项目标"。但我觉得，这样的观点或许已经不再适合于工作方式越来越多元化的现代社会了。

我参与过一个与相机制造厂商合作的共同开发项目。在整个项目的执行过程中，相机制造厂商始终不知道成品的最终形态及其制造目的。也就是说，这个项目根本不存在"制造出怎样的产品"这种原本理应存在的共同目标。在整个团队中，知道产品最终形态的只有我一个人。

这是因为，制造该产品的技术对竞争对手企业同样具有吸引力。站在我公司的立场上，如果不小心被竞争对手知道这项技术就糟糕了，所以采取保密措施是理所当然的选择。

我们迫切希望这个产品能以"世界唯一"、"业内首发"的面貌横空出世，所以我们就只能请合作的相机制造厂商团队在始终不知道目标为何的状态下工作了。

对方就连自己正在制造什么东西都不清楚，自然也就无法对我方产生信任。而且我方提供的情报少之又少，对方的工作积极性自然高不起来。这种情况下，我必须令对方见识到"美崎荣一郎"的个人魅力，以代替缺失的目标。

面对面地工作

于是，我积极地一趟趟跑生产一线，努力争取与工作人员培养出更多的交集。其实，我对相机生产领域完全不熟悉，即使去了也派不上什么用场。但是只要我在现场，对方就会意识到"美崎先生又来了"、"原来我所做的工作这么重要啊"。

久而久之，无论我方提出什么要求，对方都会欣然应允。他们觉得，"既然是美崎先生拜托的事，那无论如何也得做到"。就这样，相机制造厂商的团队直到我方公开产品全貌之前，都是处在完全不清楚自己到底在做什么的情况下进行工作的。

最终，这个项目的产品顺利作为"世界唯一"、"业内首发"的召开了发布会，诸多媒体均到现场进行了报道。

这是我第一次与公司外部成员合作完成的特殊项目。从这次工作中我明白了，为了做出成绩，比起目标本身，与团队成员共同分享一步一步达成目标的过程更为重要。

有些人会因为项目进展不顺利而随意更换团队成员。但如果一直这么做，有一天你会发现，所有同伴都在不知不觉间离开了。我就认识好几个这样的领导者，他们的个人能力虽然出色，但最终却只能孤零零地独自工作。

比起知道目标（结果），人们更希望知道自己是在与什么样的人一起工作，以及工作过程中能够获得怎样的体验。

快乐转变法则16

统一目标→分享过程

分享达成目标的过程比统一目标更重要

传播"自己想知道的事"

上班族总免不了会相互抱怨工作的苦楚。哪怕只是随口说说自己对上司的意见、不满甚至坏话，都能令我们的压力减轻不少。然而只是像倒垃圾那样一股脑儿将怨言倾吐出去，未免有些浪费了，不如将它们有效地利用起来。

传八卦的好东东——"安妮日记"

我在和歌山研究所工作时，有一本被称作"安妮日记"的笔记本在职员内部广为流传。

众所周知,《安妮日记》是犹太女孩安妮为了躲避纳粹屠杀而藏在密室时写下的日记。她通过写日记,度过了一个个艰难的日夜。而在我们研究所,职员们就像安妮一样将各种抱怨写在这本笔记之中,从而一扫自己心中的烦闷。这些抱怨有针对困难任务的,也有关于上司的。其实,这实在不能算是什么好习惯啊。

虽然产品已经投产,研究员的工作却仍未结束。为了让送到客户身边的商品达到品质标准,研究员还必须对工厂的产品生产线实施监管。然而在新产品投产初期,工厂每天都会发生这样那样的意外。这个笔记本的最初目的只是为了记录这些意外,以便同事之间交换信息罢了。

例如有一次机器忽然停工,原因是气温太低导致原料冻结。恒温的实验室里当然不会发生这样的现象,但工厂却不可能保证所有房间都安装空调。

研究员们忽视了原本必须考虑在内的温度变化,这事当然必须进行深刻的反省。但工厂的状况却不容犹疑,要立刻解决,因为事件是发生在生产第一线的!

于是在这本笔记本里就详细记载了气温降到多少度以下后原料就会变得容易冻结,所以必须保证温度不低于这个温度,而一旦发生故障又该如何处理等相关的内容。它原本就是为了这个目的而存在的。

但不知从何时起，笔记本中的内容渐渐变成以诉苦为主了。大概是因为工厂不再发生事故，所以没什么可写的了吧。

「公司内部E-mail让你成为消息灵通人士」

在顺利结束和歌山的产品研发工作之后，我转到了别的项目组，却发现这个团队中信息的流通十分不畅。"如果有一本'安妮日记'就好了……"我忍不住这样想，于是便决定自己来做一本！

我通过采访团队成员，了解项目组内发生的各种事件，然后用公司内部E-mail群发进行交流。

由于这是我的个人邮件，所以其中也写了不少抱怨和对上司的批评。可以说，这就是"安妮日记"的高科技即时版。

通过邮件读者的回复，我又追加新的情报，不断提高信息的精确度与可信度（当然，也包括了不少有关抱怨和批评的交流探讨）。这份邮件越传越广，收到的回馈也越来越多，不久之后，我已经能比其他所有人先一步了解团队内发生的所有事情了。

逐渐地，其他研究所的人也知道了这份邮件的存在。于是他们想要询问项目最新状况的时候最先想到的往往是我而不是上司。最后就连我在邮件中批判的上司也发话拜托我说："记得那份邮件也转发给我一份啊。"

我觉得，正因为这份邮件是以我"美崎荣一郎"个人的名义发出的，而且还在其中说了上司的不少坏话，如此的"有血有肉"，所以才得以在同事之间广为流传、津津乐道吧。

所以我以"容忍我的抱怨"为条件，将上司也纳入了收信人之一。也许我以后再也没法升职了吧……但这次的项目也因此进展得十分顺利，这样我也就满足了。

信息不足会造成动力不足

自己想知道的信息，从事相同工作的同事也一定很想知道。同样，如果我们陷入"只有我不知道"的局面，则会造成极大的恐慌和产生巨大压力。

据说信息往往朝着信息发布者的方向集中。所以当你希望知道某方面信息时，不妨试着先做一个发布者吧。无论在什么地方，拥有信息的人都会受到别人的重视。若我们能以更为积极的态度去收集信息，就能令自己从工作中体会到更多的兴趣，对工作的关心程度也会提高。通过参与信息的流通，我们一方面能让获得信息的对象感到高兴，另一方面也能激发自己的活力。

快乐转变法则17

保存心灵燃料的"美崎博物馆"

我在前面已经提到过，他人的认可与赞赏是维持工作热情不可欠缺的能量。但这份能量却并不总是出现在你最需要的时刻。

相反，赞赏与好评总是姗姗来迟。有不少科学家因为20多年前的研究成果而获得诺贝尔奖，也有很多艺术家在去世多年之后才获得世人的认可，这类事例简直不胜枚举。上班族亦是如此，自己所做的工作往往不太可能立刻便获得良好的评价。

如何在关键时刻提高干劲

然而我们当然希望赞赏和好评在关键时刻发挥最大的作用，令自己鼓足干劲。因此每当需要干劲的时候，我们就需要回忆起过去曾收到的赞赏与好评。

听到这种说法，或许你会觉得我是一个沉溺于过去荣耀之中的可怜虫，但我所指的并非利用回忆逃避现实。我所希望的，是将过去的回忆当做"心灵燃料"，给目前的工作补充热情。

过去的积极体验，能够成为我们的"心灵燃料"。但很可惜，人的记忆是会随时间流逝而褪色、消逝的。为了有效利用过去的体验，必须使些小手段。比如尽量把当时的种种细节都记忆下来。为此，我们最好能保存一些当时的纪念品。如果难以保存纪念品，那么至少要拍张照片。

我会用实物或照片的形式将过去的记忆中能点燃自己激情的回忆保留下来，并将其命名为"美崎博物馆"。当我丧失干劲之时，就打开"博物馆"看看，为自己的心灵补充燃料。

例如将编辑寄给我的信件完整地贴到笔记本中保存下来，在我写作遇到瓶颈、进展缓慢之时，就拿出来看看它。通过阅读这些信件，我能再次确认"他觉得我对这方面的内容写得很有趣呢"等激励信息，进而回忆起当初执笔写作之时的心情，再次产生写作欲望。

别小看"纪念品"的力量

我还保存了许多自己研发的商品的包装盒、容器等，因为实物往往比单纯的记忆更有力。

人总会遇上不管怎么努力都逃脱不了失败的时候。而面对失败时，无论是谁都会感到沮丧。于是当时所发生的所有事情都会在我们的记忆中被印上"失败"的标签。一旦我们的记忆被负面情感支配，思想就会变得越来越消极，再也无法回忆起当时在工作过程中曾受到过的表扬或曾获得的认可。

但是他人曾给出的好评同样是不容争辩的事实，而相关的物品就是证明我们获得赞赏的不容否定的证据。能作为"心灵燃料"的实物，就是将自己的心情切换到积极状态的开关。

另外，一些事对有些人而言是失败的记忆，但对另一些人而言则可能是能学到很多东西的珍贵体验，只看你从什么角度去看待。

快乐转变法则18

过去的成功体验 → 此刻的心灵燃料

不要隐瞒自己的努力

很多人都觉得"最好是暗地里努力，不要让别人看见"或"在别人看不见的地方努力才够帅"。但我却不隐瞒自己的努力，哪怕这份努力与所获得的工作成果之间并无直接关系。

这样做的理由主要包括两方面，下面我将为大家逐一分析。

努力就要让人知道

我主张不隐瞒自己努力的第一个理由是，一旦你将自己的努力隐藏起来，那么你就成了在孤军奋战。而孤军奋战将会令你永远也无法突破自己的界限。

专业的体育运动员总有教练跟在身边保驾护航，随时调整训练方案和时间安排。正因为如此，运动员才能不断突破自我极限。

同理，让自己时刻处于他人视线之中，我们就能避免发生自我感觉良好但实际却走入歧路的情况。

例如，有很多人喜欢自己在家里收集信息，但我却从不这么做。

我最爱做的工作就是收集信息了。对我来说，最令人振奋的时刻莫过于调查诸如有没有新的企划即将上马之类的小道消息了。所以就算把在家的休息时间花在收集信息上，于我而言也谈不上是什么艰辛的努力。

那么我又有什么理由不在公司里做这些事呢？与其总是抱怨上班的时候没法做想做的工作，倒不如好好安排一下该如何利用自己的上班时间。想通了这一点之后，我就不再把与公事有关的信息收集工作带回家了，而是全都留在公司完成。这样一来，我终于意识到，自己以前打着"私下努力"的旗号，到底浪费了多少时间！

公司里时刻都有人看着，所以我会保持一种紧迫感，而不会像在家里一样一会儿上上网，一会儿吃吃东西，浪费掉很多时间。而我收集到的信息又立刻就能在全公司范围内共享，也间接在公司内部展示了我在信息收集方面的特长。像这种既能做自己喜欢的工作，又能获得好评的机会可不能浪费啊！

所以，我们还是大大方方地公开自己的努力比较好哦。

创造能为自己加油的人

第二个理由，是为了不给自己留下退路。

每当我想对新事物发起挑战时，总会先对身边的人广而告之。并且越是需要努力的事，我发出挑战宣言的声势也会越大。因为我想让身边的人见证我的努力过程。

有人看着，我们就不能逃避。这就是我达成目标的秘诀。

最近，越来越多的人开始通过Mixi、推特(Twitter)、Ustream$^{[1]}$等社交网站发布自己的消息。比如

---

[1] Mixi是日本最大的社交网站，已经成为了日本的一种时尚文化风尚标。推特，是国外的一个社交网络及微博客服务的网站。Ustream是于2007年3月建立，致力于提供一个通过互联网进行个人在线音视频广播平台。——编者注

我在报名参加"东丽杯"上海国际马拉松赛之后，就开始不断向其他人公开自己的进展，如"我要参加上海国际马拉松赛哦"或"昨天练习又跑了好几公里"之类。

但最终，我因为工作太忙，直到大会开始前都没能训练上几次，而且为了挤出时间去上海，我在工作日程安排方面也绞尽了脑汁。

说实话，我还真产生过"干脆别去算了"的念头，但在推特上收到很多鼓励的留言，令我感到"要是临阵脱逃未免也太对不起朋友们了"，所以还是咬牙去了上海。我想着哪怕没法坚持跑完全程，至少也得让大家看到我尽了全力的样子。在训练时我最多也只能跑七公里，但在正式上场时，我却抱着"就试试看最远能跑多少吧"的心态豁出去了。这全都是靠有这么多替我加油的朋友们啊！

虽然我最终果然没能跑完全程，但参与就是胜利，我已经相当满足了。最重要的是，当我在网上向大家汇报"我跑过了"时，内心的喜悦难以言喻。而且，马拉松比赛当天我跑了25公里，超过了全程的一半！虽然这次比赛导致我膝盖劳损，休养了整整一个月，但能突破自己的极限做出这样的坚持，全靠有朋友们给我鼓劲。

每个人在小时候肯定都不会隐藏自己的努力。因此家长和老师总是在一旁看着你，让你即使并非心甘情愿，却也能一次又一次跨过难关，获得成长。所以我觉得，成年人在工作中也应该如此。

最后再提一下那场马拉松大赛，理论上若能跑完全程成就感当然是最高的，但我毕竟还是练习得太少啊。

快乐转变法则19

不要隐瞒自己的努力

枠からはみ出す仕事術

不求回报

在前一节中，我介绍了"不要隐瞒自己的努力"这一观点。这样做，也意味着我们能够"创造能为自己加油的人"。

在调查问卷中关于"你在什么时候会感到缺乏干劲呢"这一问题的结果之中，"付出了努力却无人评价"高居榜首。显然，身边的人所给予的评价是保证我们的工作热情不消失的重要因素。

评价自己的人不在公司里

在一个团队之中，经常会发生"努力了却没有获得评价"这样的现象。我也曾经因为付出了劳动却得不到相应回报而感到沮丧。

然而，就算我们没能在公司内部获得应有的评价，还可以到公司之外更广阔的世界中去寻找能给予自己评价的人。当我意识到这一点时，心情骤然轻松了不少。

本书的序中曾提到，我当年也只是一个每天往返于公司家庭两点一线之间的平凡上班族，我所做的所有工作都只是为了能从公司获得相应的回报。然而在某个项目中，我却未能获得预期的评价，于是我丧失了去上班的动力。

上班是这么痛苦的一件事吗？其他公司的人又是怎样的呢？他们在工作时都是怎么想的呢？

怀着这样的好奇心，我渐渐将生活圈子扩展到了公司之外，开始参加交流会、学习小组等社会活动。

在一次学习会上，我认识了Link and Motivation人力资源公司的代表小笹芳央先生。我向他倾诉（说白了就是抱怨）了工作中的烦恼，而他只回答了我一句话："以你的能力，无论去哪儿都能干好的。"

不求回报

就这么短短的一句话，将我心中的那团熄灭许久的死灰再一次点燃了。长久以来每天哭着上班的我，只因他的一句话便彻底复活了。

那是我第一次与小笹先生交流。我不知道小笹先生当时这么说的根据是什么。也许根本就没啥根据吧?

「人生导师多多益善」

虽然小笹先生的话可能只是随口说说而已，但对当时的我来说无疑是天降甘霖。因为我当时认为，自己对公司的价值就等同于个人价值。

我简直无法想象，当时若没能遇到小笹先生的话，自己会变成什么样子？

在公司之外，我们一定能找到认同自己的人。所以我们不要把自己局限在公司这个狭小的圈子里。如果将公司当作自己的全部，那么一旦在公司遭到打击，就会被逼入绝境。而若能拥有其他的避风港，则总有机会柳暗花明。

就是从那个时候开始，我产生了自己主办学习会的想法。在其他地方，一定有人也有和我一样的困扰。所以我想创造一个能与他们结识、并相互交流的场所。

上班族总是免不了会产生各种各样的烦恼。所以大家一定需要一个能鼓励、引导自己前进的人。而这样的“人生导师”，当然是多多益善。这就是我主办学习会的初衷。

所以我认为，自己遇到的所有人都可以算是我的人生导师。

无论年龄和职业差别有多大，只要我能从对方那儿学到或领悟到一点道理，对方就可以算是我的人生导师。只见过一次、对我而言高不可攀的小笹先生同样也是我的人生导师。

“先驱者”不一定会获得回报

很多人觉得，对于曾帮助过自己的人必须给予回报。但我觉得，这种思想反而大大提高了向他人请教的门槛。

其实越是对自己有大恩的人，我们就越难给予回报，因为他们总是远远走在我们的前方。所以我们能做的便只有转过身，给同样追随在自己身后的人指明道路。我举办学习会，就是想着通过学习会将自己的失败和诀窍告诉其他人，也许就能令他们少走些弯路。正如我曾因为小笹先生的一句话而获得救赎，我或许也能将如何走出低谷的经验告诉给需要之人。

我们可能无法回报从"先驱者"那里获得的好处，但倘若后人又能从我的经历当中学到些什么，并得以走上正确的方向，我就会感到很欣慰。而这份欣慰，将反过来成为我继续前进的动力。

然后我的后人或许又能在变化的环境中总结出自己的经验，并将其再次传播给后来者，而不是回报我们。

或许出版社的人士看完这一段会生气，但我在写书时的确是抱着这样的态度的。所以如果能在旧书店和图书馆内发现自己的作品，我会很高兴，也十分欢迎大家能再次去借阅。

因为这恰恰证明，我的读者希望能将书中的理念传播给更多的人，证明我的作品多少也派上了些用场。虽然我无法回报那些曾帮助过我的"先驱者"们，但能将他们教给我的东西传承下去，却也令我十分满足。

快乐转变法则20

不求回报

枠からはみ出す仕事術

第五章 积极展现自己的『独门秘诀』

上班族成为作家的原因

我之所以写这本书，是希望"将现任上班族的经验教给更多的人，从而产生更高的价值"。

收集信息的能力、计划的能力、市场开拓的能力等，上班族在工作的过程中总结出来的大量实用技巧都是相当宝贵的财富。所以我才十分看重"现任上班族"这个身份。

越能干的人越懂得享受生活，他们拥有的技巧能让人生更加丰富多彩。不仅上班族值得拥有，无论什么职业肯定都是需要的。我认为，我在公司、或者更广泛而言在

"社会"中学到的这些能力，应该传播给更多的人。我希望能创造出一个让上班族随时随地与他人分享经验的平台。

我们日积月累锻炼出来的工作能力，其实是适用于任何场合的。若将自身仅仅局限于公司这个圈子中，就太可惜了。

上班族的弱点是什么？

然而想要跳出公司这个圈子，我们就必须先克服一个重要的问题。

那就是，我们该如何将自己的能力以一目了然的方式表现出来，以能适用于所有人的形式提供出来？

我是在跳槽找工作的过程中意识到这个问题的。如本书序章所言，我曾经动过心思，想跳槽到完全不同的专业领域。我选中的目标之一是一家商务咨询公司，另一个是一家经营动漫周边产品的公司。我选择这两家公司的理由是确信自己能将以前的工作经验运用到新的工作中。然而，我却收到了拒信。

在商务咨询公司的面试中，我在第一轮书面考核中落选。原因大概在于我没能在固定格式的简历表中充分展示出自己的能力。而经营动漫周边产品公司则在面试时，以"美崎先生是学化学的吧？我想一定还有比我们公司更适合发挥您所长的地方吧"为借口拒绝了我。

我认为，我们面对消费者时必须构思出一种方法，令产品展现更具魅力的一面。这一点无论是针对动漫周边产品还是针对洗涤剂或化妆品，都是相同的。然而在面试中，我却没能让对方理解我的这个理念。

我这才发现，让他人理解自己脑中的蓝图还真是个技术活啊！

所以我想，不能"将自己的独家技巧以通俗易懂的方式展示给他人"恐怕就是上班族的弱点吧。

我在与自己同专业的人士或同业者交流时，通常都很容易沟通，但当面对其他人时却完全无能为力。所以，我们能够大展身手的领域就被人为地限制住了。

在这一章里，我将与大家分享我自己为克服这项弱点所积累的经验。

快乐转变法则21

重新爱上你的工作

枠からはみ出す仕事術

枠からはみ出す仕事術

不要将无法预测的东西当做目标

我听一位优秀的推销员说，他每天的目标是"早上认真系好鞋带"。

也许有人会问，为什么要将这么一件完全就是理所应当的事定为目标呢？但他说，他是不会将诸如"完成20件订单"之类的事定为目标的。因为签不签订单不是由自己决定的，而是由客户决定的。面对各方面条件都迥异的客户，即使自己定下"这个月要完成20件订单"这样的目标，也依然可能因为客户方面发生意外而无法达成。

尽管是客户的原因造成了目标没有达成，但免不了让自己产生"这个月已经很努力了，但还是不够啊"这样自责的想法，也可能会以"这个月运气不好"为借口，将失败的责任归咎于运气。

没有具体行动计划就不是目标

为了归避这些不可控因素对自身工作的影响，这位推销员锁定的目标总是系鞋带、必须访问50家客户这类凭借自己的力量百分之百能完成的事情。

为了避免工作动力下降、保证持续工作，我们必须仔细研究如何制定合理的目标。只将那些凭自己的能力一定能完成的事情、也就是含有具体实现步骤的事情作为目标。

我在2008年出版了《别告诉我你会记笔记》一书。当时我的知名度几乎为零，完全拿不准这本书到底能卖多少本。

很多作家也许都是抱着"如果能成为畅销书就好了"这样模糊的心态去写书的。然而就跟前文中的那位推销员遇到的情况一样，是否能成为畅销书并不是由作者决定，而是由读者决定的。假如想单凭自己的力量让书成为销量超过10万的畅销书，除了自己掏钱买下10万本之外别无他法，而这当然是不现实的。

所以我事先考察了同类型的书籍以及当时出版行业的倾向，预测自己的书大概能吸引多少读者，这些读者将会是什么身份、什么职业，思考并列出自己具体可以做哪些事，比如将市场分析结果告诉书籍经销商以供参考，向名人赠书，举办签名售书会等。

能凭自己力量完成的事，我都做了。这些才是我的目标！

分清"运气"和"实力"

最终，我的第一本书居然真的登上了销售排行榜，成为畅销书。

之所以用"居然"，是因为它取得了超乎预料的结果。超出了我的预料，就代表"运气很好"。做到哪一步算是"实力"，做到哪一步算是"运气"？可以用一个简单的方法区分。

将整个过程进行分解，然后看看其中哪些步骤是自己能重复的。能重复的步骤就属于实力，而其他的则属于运气。

有很多人无法区分这二者，总是将属于"运气"的部分设为目标。然而所谓运气，说白了就是依靠他人做主的部分。如果以这些情况为目标，我们就会被对方或环境折腾得团团转，让自己苦不堪言。这样的目标已经不是目标，而是"赌博"了。我们绝不能将工作当成赌博。

英语中有个词组叫"Lucky Dog"。这个词常被人当做祝福语，用在考试或比赛之前的祝福，意为"祝你好运"。但是据说有人在考试前听到这样的祝福后回答对方："我才不至于天真到相信运气！"

人越是缺乏自信，就越想借助幸运之力。但有句话叫"尽人事听天命"，为了达成目标，将所有自己能做的都做了，接下来便只等幸运女神的微笑了。

说句题外话，我从来不买彩票。如果尽了所有让自己中奖的努力后自己能够中奖，我就会积极地去买彩票。但按照上文所述来分析，我们很清楚，彩票的结果并不是凭自己的能力能够改变的。

所以，我才不愿意只为了试试运气就白花那个钱呢！

快乐转变法则22

不要将无法预测的东西当做目标

借别人的招牌

无论是举办学习会还是写书，在尝试新事物的过程中，我总能学到很多东西。所以，我希望读者们也能尽可能多地向新事物发起挑战，然后逐步将其提升成为能与你的本职工作相匹敌的能力，建立起自己的招牌。

为此，接下来我将介绍几种我自己通过实践总结出来的窍门。

如何让"新挑战"顺利起步

为了让自己尝试的挑战顺利起步，我们必须运用些小技巧。首先，是将阵地开辟在本领域高手的身后。

很多人都希望从事"创造性的工作"。在他们眼里，所谓"创造"意味着发明出前人从未想到过的全新事物。事实上，"创造"并不意味着一切从零开始。将现有的"1"提升为"1.1"或"1.2"同样属于"创造性的工作"。

在前人从未涉足过的领域内进行开荒的确是一项很了不起的工作，但如果自己感兴趣的方向已经被前人研究得很成熟了，我们为什么不借用一下他们的"品牌效应"呢？

在这个方向上已经有前人做出了成绩，已经有人留下了脚印。我们只要踏着前人的脚步，就能轻松地走到已有研究的最前沿。所谓将阵地开辟在前人的身后，就是这个意思。

既然是已经有人达成了的目标，那我们只要原样继承下来就可以了。比起一切从零开始，从这里起步的成功速度将会快很多。

或许以日本的高考为例会更直观一些。

即便是考取日本最难考的东京大学，其实也并非"无人涉足"的领域，每年都有数千新生进入东京大学学习。所以我们只要遵循这些考上了的学生的足迹，就能提高自己考取东京大学的概率。考取与落榜之间的差距其实只在于：在有限的时间里，你到底能朝着先行者的方向追出去多远？

默默无闻的我能够出版多本著作，正是因为使用了这个方法。

我最初想写一本名为《时间管理》的书。但在时间管理这一领域已经有不少名人写过书了。因为这些作者都是在商务领域成绩斐然的成功人士，所以他们写的关于时间管理的书才有非常高的价值。而像我这种根本无人知晓的上班族是如何管理时间的，其实没什么人感兴趣。

经过这样的分析，我明白自己如果写"时间管理"，一定是无法畅销的。而且在与出版社讨论的过程中，我意识到一个可怕的事实：默默无闻的作者如果第一本书无法热卖，就不可能获得第二次机会，所以我的第一本书无论如何都必须成功！

可是到底写什么才能成功？卖到什么程度才能算成功？目前我最明确的是，至少得能保证出版社不亏本，出版计划才能通过。于是接下来我就开始考虑，怎样的计划才能通过。

我再一次研究比我先获得成功的作者，发现他们的出道作品通常是"工具书"。既然是"工具书"，那么无论作者是否有名，读者都会以书籍本身的内容是否有用、是否对该工具书感兴趣作为标准，判断是否购买。我的出道作之所以选择《别告诉我你会记笔记》作为主题，有很大程度是受到这一研究成果的影响。

下笔之前，我彻底分析了之前所有"笔记方法"类的书籍。如此一来我发现，大部分商务人士渴望了解的并非笔记的种类，而是其使用方法。于是我广泛搜寻相关素材，比如"记事笔记"、"母舰笔记"、"计划笔记"等，我自费买下了这类书中提到的各类笔记、各种文具，并研究其使用方法，然后进行总结。终于，我写出了自己的第一本书。

我自认为，在介绍"笔记使用方法"这方面，我的这本书比其他同类书籍更为详细。在之前作者的成果基础之上增加自己的独门技巧和新颖构思——所谓将"1"提升为"1.1"或"1.2"，就是这么回事。

在现代，我们除了书籍之外，还有诸如互联网之类的许多工具，能让我们将前人的成果吸引转化为自己的东西。只要会充分利用这些工具，我们就可以轻松地追上前人的步伐。

之后，我们剩下的问题就是如何将自己独创的经验补充进去了。所谓的"创造性"，就体现在补充进去的这"0.1"之中。

快乐转变法则23

创造性的工作 → 他人的品牌+自我创新点

新结识的人＝未来的好友

有很长一段时间，我在公司中都没能结识到可以相互倾诉苦恼的朋友。那么在公司之外呢？当然也没有。提起朋友这个词，我脑海中浮现的只有大学时代的老友。然而他们住得都很远，工作环境和我也不同，所以我根本没法和他们讨论工作中的种种困扰。

最重要的是，在我的观念里，向他人诉苦这种事实在是太掉价了！

当时的我总以为，想要研制出优秀且热卖的产品，就绝不能在工作中夹杂私人感情。然而如今我却已经亲身体会到，一直压抑自己的情绪是没法顺利完成工作的。所以，我现在已经习惯于在开心时开怀大笑，在苦恼时放声痛哭。

工作是结交朋友的好机会

在工作中，我们最好直截了当地表达自己的情绪。只要你能用这种态度对待工作，那么你就会比以前更加重视与共事者之间的人际关系。

这就相当于，以交朋友的心态开展工作。

有些人会在公事与私事这两者的人际关系之间明明白白地划出一条界线，正如本书第二章中曾提到过的公、私两本笔记本的例子一样。但是在人际关系方面，我们最好也不要区分上下班。

举个极端的例子，今天我们通过工作认识的人，有可能会成为毕生的至交好友。与其他人共事的机会中往往隐藏着结识好友的可能性。这些人可能令我们的人生变得更加多姿多彩。

我想大家都明白，对商务人士而言，建立各种人脉是相当重要的工作。如果人脉无法派上用场，收到再多名片也是白搭。而建立起具有价值的人脉的铁的规则，就是和对方成为朋友。双方撇开公司职务和身份之后依然能如常交往，这样才算成功。我通过举办学习会所获得的最大收获，便是与这些在公司外认识的人建立起了工作上的合作关系。

我通过学习会等社会活动结识了许多人，他们有的成为了我在公司工作方面的伙伴，有的在商务书籍写作方面为我提供了帮助。之所以能达到这样的效果，是因为我将这些人脉变成了"由我做主"的模式。换句话说，就是我们之间建立起了有话直说的朋友关系。

当年那个意气用事一心只想脱离公司的我，曾绞尽脑汁想认识更多的名人。然而在很多时候，我即使有幸能与那些名人见上一面，也再没有了下文。名人当然都很忙，这是无可奈何的事。但更关键的问题在于，我实在找不出什么理由去打扰对方。

能够一起成长的"战友"最重要

我个人的看法是，在最初阶段，我们不必想着攀高枝，还是与"当下"的自己拥有共同语言的同辈人士建立人脉更有效率。

很多人总是沉浸于过去，认为"学生时代认识的能相互交心的好友才是最贴心的"。但我却觉得，工作之后反而更容易结交到这样的好友。那是因为，大家都拥有相似的工作经历。针对你当前所怀的烦恼与困惑，只有那些非常理解你当前状况的人才能成为最好的倾听者。

俗话说"远亲不如近邻"。在工作方面，这句话则应当改成"远亲不如近友"。无论是工作上的烦恼还是爱情上的困惑，只有那些此刻正与你一同奋斗、一同前进的"战友"，才是最能理解你的人。

所以，请以这样的心态重新环顾自己的周围吧！

快乐转变法则24

工作上的熟人 → 发展成能够交心的好友

通过交流，找到工作的乐趣

我所举办的学习会每次都会挑选一个主讲，请他介绍自己的工作。不管是多么枯燥无趣的工作，在别人眼中总会产生"哦，原来是这样的啊"的新奇感。开始这个活动之后，我越发坚信这个理论。那些必须付出十二分努力才能完成的工作，听起来更是分外有趣，甚至许多听众们的眼神都会随之变得狂热。

在某届学习会中，一名在食玩公司任职的年轻女性前来参加。所谓食玩，是指零食中附赠的小玩具。这位女性十分热心，会议结束之后还专门找到我，告诉我她听得很开心，没想到学习会这么有趣，她从中学到了不少东西。

看着她兴奋的表情，我想她平时在工作中一定是相当努力的，所以便邀请她在下一次学习会中担任主讲。然而她却拒绝道："我的工作太平凡了，没什么可讲的。"

我不死心，继续引导她，例如问她"这个零食里放的是什么玩具呢？""为什么选它？"顺着我的问题，她逐渐变得侃侃而谈。之后，当我再提出，"真有意思，其实就按照刚才说的做演讲就行呀"时，她终于答应了下来。

因为这是她第一次演讲，所以听众只有十来人。但即使这么小规模，她依然十分紧张。她特意上网将我以前参加学习会的报告全都读了一遍，做了大量练习和准备。

演讲结束之后，她十分开心地感慨道："没想到会有这么多人觉得我的工作很有趣！"并且产生了"是否还有更多有趣的体验能与他人分享"的念头。在那之后，她越来越习惯于从工作中发掘有趣的闪光点。

由此可见，无论什么工作，与其被动承受，不如主动传播来得有趣。

当你成为传播者时，你就必须努力找到自己工作的乐趣所在，然后尽量想办法以浅显易懂的语言告诉其他人。

将挫折当做"话题"

与他人探讨的过程，其实就是一个将他人的视角和观点融入自己的视角的过程。我们也许能在这个过程中发现工作新的闪光点。

我曾与一位在房地产业打拼多年的男士交流，他告诉了我不少房地产业的内幕。据他说，中介给客户介绍的房源，往往"第二套"才是他真正想推销的，而第一套只是用于观察客户反应的。根据这些反应，中介商才能找出真正合适的房子作为"第二套"推荐给对方。不仅仅是这些内幕，他的职业经历也充满传奇色彩。他在房地产业打拼多年，却遭遇了创业失败，甚至因此当过一段时间的建筑工人，靠卖苦力糊口。

我亲耳听到对方述说，觉得远比看电视剧要精彩得多。而他则通过向他人讲述这一切，将以往失败的经历付诸笑谈，令自己心情变好了不少。

所以，当你发觉自己对工作丧失兴趣时，不妨思考一下，"如果向别人介绍这份工作，该如何将其中的乐趣表达出来"这个问题吧。找到一个与平时的自己略有不同的视角，重新审视这份工作，我们就能发掘出工作的新

通过交流，找到工作的乐趣

魅力。

我们对自己的工作或许早就习以为常，但对于非本领域的从业者来说，其中有不少细节都相当有趣，并且能从中吸取经验。同样，外行与内行的眼光看自己的领域是有很大差异的。从外行的视角来看，或许反而能看出不少新亮点，能发现许多还值得琢磨的地方。

我举办的学习会并不是用来逃避工作的地方，而是帮助大家寻找工作乐趣的场所。俗话说"花儿总是别家的红"。而学习会就是为了创造一个契机，让大家体会到自家的花儿也同样的红。

本节中我一直都以参加学习会为例，但在实际生活中，我们交流的对象可以是任何熟人、朋友。我们甚至还可以将"愉快地向他人介绍自己的工作"本身作为工作目标哦。

快乐转变法则25

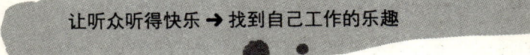

不断给自己布置作业

身为上班族，无论自己喜欢还是不喜欢，我们总免不了被大量工作压得喘不过气来。然而如果我们只顾着应付眼前的事，就永远无法拓宽工作的范围。

很多人认为"工作计划排得满满的"是能力出众的表现，但在日本关西$^{[1]}$，商人们却常用这样的问答来打招呼：

"最近忙吗？"

[1] 日本历史上沿袭的习惯名称。通常指本州以京都、大阪、神户为中心的近畿地方。——编者注

"就那样吧。"

这里的"就那样吧"，意思是"一般般、普普通通"。不管赚多少钱，不管有多忙，这些商人总是回答"就那样吧"。

这句回答流露出一种"从容感"。

再勉强也得撑住了

不管有多忙，我们都必须让身边的人觉得你依然游刃有余，依然还有加强的空间。经常表现得从容不迫，会让别人觉得你足以胜任这样的工作，从而获得更多重要的工作。

或许你会反驳说："我才不再增加跟我无关的工作呢！"

但对方是因为相信你的能力才将工作委任给你的。所以我几乎从不拒绝他人拜托的工作。

"这里有份新计划，不知道你感不感兴趣？试试看吧？"

"不好意思，突然有件很急的事想请你帮帮忙。"

不管是什么工作，都表明对方对你的能力给予了极高的评价。从长远来看，这些并非"无关的闲事"，而是提高自己能力、逐步接近自己想做的工作的机会。

主动成为"Mr.没问题"

我希望自己能成为一个不过分依赖公司的人。虽然我曾在上班族人生的道路上左弯右绕，但最终还是达成了这个目标。

接下来，我计划成为"不仅遵从公司规划，还能自由选择工作，帮助自己成长"的人。然而当我定下了这个目标之后，反而越来越不选择工作了。

因为我发现，无论什么工作，都具有帮助自己成长的要素。

直到今天，我也依然有喜欢的工作和不喜欢的工作。但即使分配到讨厌的工作或是不擅长的工作，我也同样能在完成的过程中有所收获。所以，我已经养成习惯，不管什么工作，先说"没问题"，答应下来，然后再慢慢思考该如何完成。而我之所以能够出书，也全靠这句"没问题"。

前文曾提到过，我的第一本书《别告诉我你会记笔记》的主题与我最初的计划是不同的。我最初想写的主题是"时间管理"，但最后却还是接受了写"笔记方法"的委托。因为我知道，如果执著于写"时间管理"，我的第一本书将永远没有机会诞生。

于是，我将已经写了一半的"时间管理"原稿塞进抽屉，转而全力集中到"笔记方法"的写作中。后来我一边继续当上班族，一边连续写出了多本新著，依然是出于"Mr.没问题"的惯性。

对他人的请求说"Yes"，其实就相当于不断给自己布置作业。小时候，家长和老师总是会给我们布置很多的作业。而我们正是因为完成了这些作业，才能一天天不断进步。每当人们切实体会到自己的成长，就能从中获得前进的动力。

傻站着不动的人是绝对无法成长的。也就是说，不断挑战新事物，正是保持工作热情的秘诀。

而人一旦长大以后，很少有人会为了帮助自己成长而专门给自己布置作业了。但其实，成年人依然需要作业。所以我不断对别人的请求说"Yes"，作为给自己布置的作业。

快乐转变法则26

不断给自己布置作业

后记

感谢大家，我每天都工作得很开心。

只要能冲破曾经束缚着自己的诸多条条框框，那么无论是在公司内还是在公司外，我们都能自由地工作。

当然，我们免不了得做些自己讨厌的工作，也不可能不经历失败，偶尔还会情绪低落，但我却再也不会为此而感到不满了。

偶尔沮丧一阵也没什么大不了，毕竟人生不可能万事一帆风顺。最重要的是跌倒之后该如何从原地重新站起来。

我曾写过介绍笔记方法以及各种电子工具的书籍。之所以能从工作当中总结出足够撰书的各种诀窍，是因为我很想享受自己的工作。而其中最为根本的一个诀窍是，为了避免自己半途而废，为了保持自己的工作干劲，我必须突破现有的价值观，也就是从工作的条条框框之中挣脱出来。

本书中所写的小窍门令我学会如何从工作中寻找到乐趣，但将其归结成书还是着实花费了我一番心血。

因为我必须将那些早已跨越、沉淀在内心的代表着失败与挫折的往事重新挖掘出来，我不得不重新面对当年在工作陷入困境时的回忆、诸事皆不顺心时的回忆，以及止步不前痛苦不堪时的回忆。所以这一次，我选择了以独立小贴士的模式来写作这本书。

本书中所写的各种经历，如果不是有人特意问起，也许将永远不能见天日。所以，我十分感激帮助我将这些经历挖掘出来的冈田老师和中原老师。

身为现任上班族，我希望自己的经历能给读者一些帮助。正是众多读者日复一日的劳动，才支撑起了当今的社会。所以，即便是令我感到难为情的失败经历，我也毫无保留地在书中分享了出来。

通过平时在工作中的积累，我总结出许多有用的经验，包括本书中介绍的如何改变工作态度的窍门、如何改变思考方式的窍门等。如果有一天，你发现自己不再需要

后记

依靠这些窍门，就代表你已经彻底从工作的烦恼中解脱出来了。

过去有段时间，我曾经历慢性落枕和胃病的困扰，两者都是典型的职业病。

于是，我在写作时便幻想自己所面对的是当时的自己，那么我该如何鼓励他、帮助他一步步靠近内心真正想做的工作呢？带着这样的思考，我的笔下渐渐涌出了灵感。

在人的一生中，倘若能在某段时期内全身心地投入工作，无疑是幸福的。然而更重要的是，你必须清楚这样的时期是十分难得的，不可能永远持续下去。

即便你全身心地投入，也不能太依赖公司。或者说，不能太依赖于公司构建出的条条框框。要记住，公司不是监狱。

"到底要多努力才够？到底是为了谁？

明明已经清楚，但心意却摇摆不定。

一心只在意结果，而无法享受当下的乐趣。

目眩神迷……

一切并非只是梦想，就用自己的双手打开这扇门吧。"

这是在前言中推荐给大家的歌曲"*ultra soul*"的歌

词。当年，在一步步寻找该如何"享受当下"的窍门之时，我曾反反复复地听着这首歌曲。

你的工作，是只属于你自己的财富。

编辑冈田老师特意赶来参加我的一次个人演讲，他当时所说的话令我很开心："原本我还挺消沉的，但现在已经恢复精神了！"

一旦克服了自己的痛苦经历，就能带动周围的人一起变得更有干劲。我想，人的一生中不可能完全一帆风顺的吧。然而只要我们能从"以前的自己"这个局限中挣脱出来，就一定能克服难关。总有一天，我们会能以微笑面对这些经历。

只要冷静下来，我们就能摸索出自己独有的失败与成功的规律。而我的经验也只不过是其中的一种罢了。

你的故事仍在不断继续。身为作者，我非常希望这本书能在你的成长故事中发挥些许作用。如果可以，没有什么能比这更令我感到欣慰的了。

我希望能创造出一个快乐的世界。

在这个世界中，人们既不会被"自我"的局限束缚，也不会被公司的条条框框束缚，大家都能自由发挥自己的能力，并且拥有一群能及时给予自己帮助的优秀伙伴，这

后记

就是我理想中的世界。

最后就让我继续引用一段歌词吧。

"终于意识到，自我的极限了吗？

就连些许擦伤也未曾遭遇便已临近终结。

看呀最重要的人始终都在关注着你呢。"

由衷感谢一直坚持读到这里的读者朋友们。正如大家都在关注着我的工作一样，也一定有人正在热切关注着你的工作哦。所以，请一定努力超越自我的极限！

美崎荣一郎

2011年2月3日 凌晨4点

图书在版编目（CIP）数据

重新爱上你的工作 /（日）美崎荣一郎著；谢严莉译. 一杭州：浙江大学出版社，2013. 1

ISBN 978-7-308-10344-2

I. ①重… II. ①美… ②谢… III. ①工作方法－通俗读物 IV. ①B026-49

中国版本图书馆 CIP 数据核字（2012）第 184578 号

重新爱上你的工作

[日] 美崎荣一郎　著　谢严莉　译

策 划 者	蓝狮子财经出版中心
责任编辑	王长刚
出版发行	浙江大学出版社
	（杭州市天目山路 148号　邮政编码 310007）
	（网址：http://www.zjupress.com）
排　版	浙江时代出版服务有限公司
印　刷	临安市曙光印务有限公司
开　本	850mm × 1168mm　1/32
印　张	5.5
字　数	87 千
版 印 次	2013年1月第1版　2013年1月第1次印刷
书　号	ISBN 978-7-308-10344-2
定　价	27.00元

版权所有　翻印必究　印装差错　负责调换

浙江大学出版社发行部邮购电话（0571）88925591

WAKU KARA HAMIDASU SHIGOTOJUTSU by Eiichiro Misaki

Copyright © Eiichiro Misaki, 2011

All rights reserved.

Original Japanese edition published by Sunmark Publishing, Inc., Tokyo

This Simplified Chinese language edition is published by arrangement with Sunmark Publishing, Inc., Tokyo in care of Tuttle-Mori Agency, Inc., Tokyo through Beijing GW Culture Communications Co., Ltd., Beijing.

浙江省版权局著作权合同登记图字：11-2012-170